PHILIBERTE,

OU

LE CACHOT,

ROMAN ANECDOTIQUE DU RÈGNE DE LOUIS XIII;

PAR M.me GUÉNARD, BARONNE DE MÉRÉ,

Auteur d'Irma, de St. Vincent de Paul, etc., etc.

Tant de perversité entre-t-il dans l'ame d'une femme!

TOME TROISIÈME.

PARIS,

PIGOREAU, Libraire, Place St.-Germain-l'Auxerrois, N° 20.

1828.

PHILIBERTE,
OU
LE CACHOT.

Evreux, Imprimerie d'ANCELLE fils.

PHILIBERTE,

OU

LE CACHOT,

ROMAN ANECDOTIQUE DU RÈGNE DE LOUIS XIII;

Par M.me GUENARD, Baronne de MÉRÉ,

Auteur d'Irma, de St. Vincent de Paul, etc., etc.

Tant de perversité entre-t-il dans l'ame d'une femme !

TOME TROISIÈME.

PARIS,

PIGOREAU, Libraire, Place St.-Germain-l'Auxerrois, N.° 20.

———

1828.

PHILIBERTE,

OU

LE CACHOT.

CHAPITRE XXX.

Les apprêts des fêtes du couronnement de la reine occupaient toute la cour; mais sans une apparence de frivolité, de graves objets fixaient l'attention des différens partis. La reine voulait tenir des mains de l'Eglise, une couronne à laquelle la loi salique accordait peu de pouvoir ; elle se persuadait que cette pieuse cérémonie la rendait plus respectable aux yeux du peuple, pendant l'absence du roi. Ce prince, qu'un douloureux pressentiment avertissait que ses ennemis assouviraient leur rage, désirait qu'elles fussent terminées, afin de pouvoir s'éloigner de Paris et s'occuper entièrement du vaste plan qu'il avait formé pour parvenir au but que depuis long-tems il s'était proposé, d'abaisser l'ennemi irréconciliable de la France. Il pressait donc de tous ses vœux la fin de ces fêtes pour rejoindre son armée. Tout était prêt : des sommes énormes, fruit des économies du roi et de l'excellente administration de son ministre, assuraient le succès le plus complet, tout ayant été prévu. Le roi et Sully entrèrent dans les plus minutieux détails, afin que rien ne fît manquer cette grande entreprise qui devait donner une paix durable à l'Europe. Mais que sont les projets les mieux conclus, quand Dieu ne daigne point les sanctionner! Souvent on en attend en vain la réussite. Hélas! c'est parce que Henri eût assuré la prospérité de la France, que quelques-unes de ces âmes infernales, qui ne se plaisent que dans le malheur des humains, enfantèrent le plus abominable des complots. C'est au cœur de ce bon prince, qui ne vit que pour le bonheur et la gloire de ses sujets, que ces barbares dirigent leurs coups, se servant du tumulte des fêtes pour ourdir en secret leur exécrable trame. Pour se dérober à la vengeance de la Justice, ces scélérats lui livrent un fanatique aveuglé par eux, et qu'ils ont conduit au plus grand des crimes, en lui assurant que c'est servir la cause du Ciel et réparer les maux de son Pays.

Je suis loin de vouloir peindre cette terrible catastrophe, qui changea des jours de fêtes, en des jours d'un deuil si profond, qu'il semble que les cœurs vraiment français, retrouvent encore des larmes pour pleurer la mort de celui que le Ciel retira trop tôt à lui, non-seulement pour le bonheur des contemporains, mais aussi pour celui des générations qui suivirent.

Le jour qui devait combler les vœux de la reine, et qui vint enfin éclairer l'horizon, madame de Bonneville parut au couronnement avec madame de Quaylus. Rien n'avait été épargné pour que la baronne éclipsât tout ce qui se trouvait dans l'église de Notre-Dame, plus encore par sa beauté que par sa parure.

On sait que c'est à vingt-cinq ans qu'une femme atteint l'apogée de la beauté, surtout quand elle doit paraître dans les cérémonies qui exigent de l'à plomb et de la majesté. Alors, elle l'emporte sur une jeune personne de quatorze à quinze ans : et on sait que c'était le grand mérite de madame de Bonneville. Tous les yeux se tournèrent vers elle; et malgré le respect que le lieu sacré devait inspirer, et la présence de la reine, on fit entendre de sourds applaudissemens qui ressemblaient au bourdonnement des abeilles autour d'une rose nouvelle. M. de Bonneville richement paré, et qui l'était aussi par sa bonne mine, grossissait le nombre des amis du surintendant ; il en était peut-être le plus fidèle.

Avant qu'on se rendit à la cathédrale, Adolphe passa dans l'appartement de sa femme, qui lui était fermé depuis un mois, par un de ces caprices dont elle fatiguait celui qui, si elle l'avait voulu, n'eut vécu que pour elle. Lorsque le baron l'aperçut dans tout l'éclat de sa parure, il sentit tout-à-coup renaître dans son cœur ses premiers feux, et s'approchant d'elle, il voulut lui prendre la main qu'elle retira avec une telle hauteur, que M. de Bonneville en fut blessé, d'autant plus qu'elle fit signe au frère de madame de Quaylus d'approcher, et laissant tomber sa main dans la sienne, elle dit au baron : J'en suis fachée, monsieur, mais ce n'est pas aujourd'hui le triomphe des époux ; voyez le roi, il ne paraîtra pas dans le chœur, et ne verra la cérémonie que dans une tribune. — Vous avez raison, madame. En vérité, je ne sais comment j'ai pu me croire quelques droits sur votre cœur; mais à présent je ferai taire les transports que votre beauté m'inspire, et que votre froideur et votre exessive coqueterie font évanouir. — Quoi! dit madame de Quaylus qui entrait à l'instant dans la galerie, des querelles conjugales dans un jour comme celui-ci! En vérité, baron, je ne sais à quoi vous pensez; et prenant son bras, elle se rendit avec lui, sa nièce et son fils, dans l'appartement de la reine.

Le roi, pour laisser à cette princesse le premier rang dans cette auguste cérémonie, y assista *incognito*, dans une tribune; et ce qui était plus surprenant encore, ce fut d'y voir Marguerite de Valois, qui, après avoir été reine, se trouvait à cette cérémonie au rang des princesses du sang, plus occupée de satisfaire sa curiosité, que de soutenir le rang que son mariage avec Henri, lui avait donné. Elle voyait sans jalousie poser sur la tête d'une Médicis, une couronne qu'une autre Médicis l'avait forcée d'accepter, lorsque son cœur avait choisi l'époux qu'elle désirait, ce qui, selon toute apparence, fut cause des désordres de cette princesse, dont les malheurs égalèrent les fautes, et à qui on ne put jamais reprocher d'avoir trempé dans les crimes qui signalèrent son mariage avec Henri, dont elle sauva les jours en risquant les siens. En elle fut éteinte la race infortunée des Valois, dont aucuns ne laissèrent d'héritiers.

Je ne parlerai ni des bals, ni des divertissemens de toute espèce qui devaient suivre le couronnement de la reine. Comment s'occuper de ces plaisirs dont la fin fut si déplorable ! Henri n'avait pu se défendre, comme je l'ai dit, d'un pressentiment douloureux. Il disait même, à ses intimes confidens, qu'il voudrait avoir quitté Paris pour rejoindre son armée.

Déjà trois fois Henri avait échappé au fer des assassins, et chaque année, depuis qu'il était sur le trône, avait vu dévoiler une conspiration contre les jours de ce prince. Il allait quitter la capitale, se dérobant aux fêtes dont on étourdissait le peuple, et voulant, avant son départ, passer quelques heures dans le sein de l'amitié, il se rendait à l'arsenal, chez Sully, lorsque, traversant la rue de la Féronnerie (1),

---

(1) Il y avait une ordonnance d'un des pré-

l'infâme Ravaillac profita d'un embarras de voiture, qui força celle où était le roi, de s'arrêter, pour consommer son affreux parricide.....

Qui peut imaginer l'effet terrible que produisit la mort de ce grand prince, qui n'avait affronté les plus grands périls à la tête de ses braves, que pour périr de la main d'un vil assassin, que les plus cruelles tortures ne purent forcer à nommer ses complices! Contraste, dont l'espèce humaine donne quelquefois l'exemple, en plaçant dans les hommes, l'atrocité, la bassesse, et une sorte d'héroïsme qui leur fait braver les douleurs, plutôt que de révéler un secret qu'ils ont juré de garder.

---

décesseurs de Henri, qui commandait d'élargir la rue de la Féronnerie, qui ne le fut qu'après l'assassinat de ce prince.

Tout en France, après ce terrible événement, ne présenta que trouble, déchirement, anarchie : l'armée fut licenciée ; les trésors amasssés par le feu roi, dilapidés par Concini, nommé premier ministre par la reine, devenue régente du royaume, à cause de la minorité de son fils, qui prit le nom de Louis XIII.

Sully quitta la cour, qui ne lui offrait plus que des sujets de douleur, et abandonna le timon de l'état à ce même Concini, que la reine fit maréchal de France, sans qu'il eut vu brûler une amorce, si ce n'est à la chasse.

M. de Bonneville, pénétré de la plus mortelle affliction, déclara à sa femme qu'il retournait en Berri, ne pouvant plus rester dans une ville qui serait désormais, livrée à toutes les factions. La baronne soutint que ce serait la plus grande ingratitude de quitter la reine, lorsqu'elle avait le plus grand besoin de ses amis. — Moi qui n'ai pas la vanité de me croire de ce nombre, je pars pour Champfleury, où votre père désire que je vienne, afin de pleurer avec moi, celui dont la France conservera sans cesse le souvenir! — Partez, monsieur! j'irai vous rejoindre dès que la reine sera plus tranquille! — Elle ne le sera jamais, tant qu'elle donnera sa confiance à un Concini, qui, cependant vaut encore mieux que sa femme; mais enfin, vous avez acquis la connaissance de ce fatal pays; vous vous y conduirez, je l'espère, avec prudence, et surtout je vous conjure, ne vous mêlez d'aucune de ces intrigues politiques, qui coûtent beaucoup à ceux qui s'y livrent ! Philiberte l'assura qu'elle ne se mêlerait que de plaire à la reine.

Le baron essaya encore quelque tems s'il pourrait rappeler dans le cœur de Philiberte, des sentimens qu'il croyait lui avoir inspiré ; mais, fatigué de l'abandon, où le laissait celle dont il avait cru se faire une douce compagne, il résolut de partir. Hélas ! c'était bien en vain qu'il se croyait aimé ! Depuis long-tems, l'orgueil et l'ambition avaient desséché le cœur de la baronne, et madame de Sériol, tout en paraissant mettre la paix entre les époux, presque toujours les aigrissait l'un contre l'autre. Cette femme, n'ayant aucuns principes, ne faisait nuls reproches à Philiberte de son peu de complaisance pour son mari, et de la manière froide et souvent impertinente dont elle répondait, soit à sa tendresse, soit à ses avis, que souvent ces dames tournaient en ridicule, quand elles étaient en liberté avec Symphorien, qui avait suivi sa maîtresse à la cour, et à qui il servait d'espion auprès de son mari, qu'il continuait à tromper par le zèle qu'il lui témoignait pour le trahir!

Quand Adolphe fut décidé à partir, il dit à Philiberte : Madame, vous savez que, pour satisfaire votre désir d'assister aux fêtes du couronnement, j'ai fait un emprunt de soixante mille livres ; je vous jure que c'est le dernier ; je ne veux plus rien diminuer sur la faible part qui revient à Elyse, de la terre de Bonneville ; ainsi, tâchez de vivre avec la moitié du revenu de Champfleury : s'il ne vous suffit pas, venez me joindre pour faire quelques économies, et ensuite vous reviendrez à la cour ; mais plus d'emprunt !....— Je me conformerai aux volontés, monsieur, que vous me dictez avec tant de douceur.— Hélas ! je le sais, madame, que quelque ton que je prenne, aucun ne vous convient ! mon amour vous importune ! ma raison vous attriste ! mais je suis las de me plaindre ! soyez heureuse, conduisez-vous de manière à conserver votre réputation intacte, moins pour moi que pour vous ! je ne demande rien de plus. — Ces vœux sont trop sages, monsieur, pour qu'ils ne soient pas exaucés. Dites à mon père que je l'assure de mes respects, et que sa filleule se porte bien.— Je pourrai lui en donner des nouvelles certaines, car je compte l'aller voir demain ; voudriez-vous y venir avec moi?

— C'est impossible ! la reine, depuis son malheur, me reçoit pour la première fois : d'ailleurs, à quoi bon ? Qu'est-ce qu'un enfant d'un an ? Dans cinq ou six ans, à la bonne heure. Mon intention est de la laisser chez sa nourice, jusqu'à quatre ans ; de là elle ira au couvent en province, l'air de Paris est détestable pour les enfans. — Celui de Champfleury lui serait très-bon. — Nous verrons cela ; il n'est pas tems de s'en occuper. La parfaite indifférence de Philiberte pour sa fille, sa haine contre celle de M. de Bonneville, dont elle parlait à chaque instant (car elle ne laissait pas échapper une occasion pour l'en entretenir avec dédain.) Tout donnait à Adolphe la triste certitude que ses enfans ne seraient pas plus heureux que lui ! Et cependant, rien ne le guérissait de la funeste passion qu'il avait pour celle qu'il avait cru devoir faire le bonheur de sa vie; mais il imagina qu'en s'éloignant pour quelque tems, il rendrait à Philiberte ses premiers sentimens, et il résolut de retourner à Champfleury, où il croyait qu'elle éprouverait le désir de le rejoindre : mais il se faisait une illusion que rien ne réalisa.

Avant de partir, il alla voir Zélia: il la trouva assez mal soignée par sa nourrice. Il s'en plaignit, et ayant appris qu'on ne payait pas les mois régulièrement, il assura celle, qui tenait lieu de mère à cette pauvre petite, que ce ne pouvait être qu'une friponnerie de la personne que madame de Bonneville chargeait d'acquitter cette dette sacrée, qu'il paya en entier; puis il pria le curé de surveiller la nourrice, et lui laissa de l'argent, tant pour les mois que pour des gratifications, si la petite allait bien. Le pasteur le lui promit. De retour à Paris, il se plaignit doucement à sa femme de la négligence de ses gens, mais ne voulut rien approfondir. Hélas! il n'en voyait que trop pour son malheur!

Il partit le lendemain, après avoir pris congé de la duchesse, qui l'engagea à revenir le plus tôt possible ; il y aura, disait-elle des nominations ; je pense à vous pour le cordon bleu. — Mon ambition, si j'en avais eu, eût été ensevelie dans la tombe de Henri! Je ne veux rien que vivre en paix.... — C'est ce qui n'arrive pas quand on n'est d'aucun parti, parce que tous vous cherchent querelle. — Cela peut être! mais quand on n'a rien à se reprocher; et c'est le premier des biens. — Enfin, faites comme vous l'entendrez, mais laissez votre femme, qui fera ici plus que vous ne pourriez faire. — Je le crois ! » Ayant fait ses adieux à la baronne et à madame de Sériol, il reprit avec une grande satisfaction le chemin du Berri, qu'il eût voulu n'avoir jamais quitté.

CHAPITRE XXXI.

On était au plus beau tems de l'année, et le baron désenchanté des projets de bonheur qu'il avait formés en s'unissant à Philiberte, ne pensa plus qu'à se consoler dans le sein de l'amitié et de la nature, des chagrins de l'amour. Il revit les bords du Cher avec un sensible plaisir; il allait serrer dans ses bras sa petite Elyse, appaiser les mânes d'Alix, par les soins qu'il donnerait à l'enfant de leur tendre amour; il consolerait sa mère, et aurait pour elle le respect et les soins d'un fils. Empressé de revoir les objets de son affection, et d'oublier, près d'eux, l'être insensible qu'il avait cru aimer, il se rendit à Vierzon ; mesdames de Lignac et de Blézaire le reçurent avec la plus touchante amitié ; et la petite, à qui il apportait de Paris, des parures, des jouets et des bonbons, lui fit mille caresses. A mesure que ses traits se développaient sa ressemblance avec Alix devenait plus frappante. Elle arracha des larmes à Adolphe, qui ne concevait pas comment il avait pu porter la mort dans le cœur d'Alix, par son fol amour pour Philiberte. Ces dames, touchées de son repentir, cherchaient à le consoler, en lui disant que rien n'arrivait sans l'ordre et la permission de Dieu, qui sûrement avait ses desseins, que les faibles mortels ne comprenaient pas, mais qui servaient toujours à notre plus grande utilité. Elles l'engagèrent à rester chez elles jusqu'au lendemain matin: il y consentit volontiers. Il trouvait si doux d'être avec des femmes pleines d'esprit et de mérite, qui ne le contrariaient pas sans cesse, sur tout ce qu'il disait, ni même dans ses actions. Cependant il ne pensait pas que cette femme jeune et d'une rare beauté, restât à la cour sans guide ; et s'il ne craignait rien pour ses mœurs, car sa fierté et sa froideur, la mettaient à l'abri de la séduction, il n'en redoutait pas moins le goût qu'elle avait pris pour l'intrigue, et celui, plus grand encore, pour la dépense.

Ces tristes pensées l'occupèrent toute la nuit, et il dormit si peu que dès le point du jour il se leva, descendit dans le beau jardin de madame de Blézaire, et là, se souvenant qu'il y avait vu Alix si jolie, si simple, s'y promener auprès de sa mère, dans les jours qui précédèrent leur mariage, il ne pouvait se pardonner d'en avoir aimé une autre. Vains regrets ! rien ne pouvait réparer des torts irréparables. Madame de Lignac sachant qu'il était dans le jardin, vint l'y chercher avec Elyse qui, du plus loin qu'elle le vit, courut à lui, et s'élança dans ses bras. « Chère enfant, lui dit-il, un jour tu feras ma consolation ! » Et il ne laissa pas ignorer à sa belle-mère, que si sa femme venait à Champfleury, et qu'elle le rendît aussi malheureux qu'elle l'avait fait à Paris, il était décidé à se séparer d'elle et à venir vivre avec sa fille, si mesdames de Lignac e de Blézaire le lui permettaient. « Ce serait avec un grand plaisir ; mais cependant, je vous engage à ne prendre ce parti qu'autant que vous ne pourrez faire autrement. Il ne faut pas oublier une de vos filles, pour l'autre; votre Zélia a besoin que vous ne vous sépariez pas de sa mère; mais enfin, si elle vous rend trop malheureux, il n'y a aucun doute que, ma sœur et moi, nous aurons un sensible plaisir à vous posséder. »

Quand M. de Bonneville, après avoir déjeûné avec Elyse et ses parentes, voulut les quitter, pour suivre sa route, la petite se jetta dans ses bras et le retenait de toutes ses forces, en disant : « Ne pars pas, je t'en prie, papa ! » Il fallut qu'il lui promit qu'il reviendrait bientôt, pour qu'elle consentît à se séparer de lui. Les expressions naïves de la tendresse de cette aimable enfant, pour son père, le rattachaient à la vie; et c'était aussi avec peine qu'il s'éloignait d'elle. Cependant il le fallait et il était indispensable qu'il se rendît à Champfleury, où M. de Merci était alors.

Leur entrevue fût fort amicale, ils évitèrent également de parler du sujet de mécontentement que leur donnait Philiberte; ils ne s'entretinrent que de la mort de Henri. Le comte avait l'esprit trop juste pour ne pas sentir tous les maux qu'elle entraînerait. « J'ai combattu, disait-il, contre ce prince : je croyais ma conscience engagée à ne point permettre qu'un prince calviniste montât sur le trône, mais lorsqu'il eût fait abjuration, je compris qu'il n'y avait plus aucune raison pour m'opposer à son couronnement, et si je ne quittai pas les armes aussitôt, c'était moins par intérêt pour la religion, que pour obtenir une composition plus favorable. Depuis son règne, je me suis convaincu que nous ne pouvions avoir un meilleur roi, et je le regrette du fond de mon âme. » Ils parlèrent aussi de Sully, et le comte témoigna le regret que les intrigues de cour eussent contraint ce grand homme à quitter le ministère, et quand il pensait qu'un Concini le remplaçait, il ne pouvait que gémir de l'aveuglement de la reine. Ces sujets de conversation étaient inépuisables, et les différentes lettres qu'ils recevaient de Paris y donnaient de nouveaux sujets.

Le baron en avait rarement de sa femme, et celles qu'elle lui adressait étaient toujours pour lui demander de l'argent; lorsque Charles Husson lui refusait, car c'était lui que M. de Bonneville, avant son départ, avait chargé de régir Champfleury, sous les ordres de M. de Merci, son mari se trouvait bien forcé de lui en envoyer, car elle ne menaçait de rien moins que de se jetter dans la Seine, si le baron la laissait en butte à des tracasseries de créanciers qu'elle ne pouvait supporter, et bien qu'il ne ressentit plus pour elle cette passion violente qu'elle lui avait inspirée, il ne pouvait voir, sans effroi, cette beauté si parfaite, pâle, défigurée et à peine reconnaissable, lorsqu'on la retirerait des flots, dans lesquels il ne doutait pas qu'elle se précipiterait, tant elle était incapable de commander aux mouvemens impétueux de son âme. Il lui envoyait donc le pouvoir d'emprunter, ce dont elle disait avoir un si grand besoin, d'autant plus qu'elle promettait d'acquitter elle-même cet emprunt, ayant la certitude que la reine la dédommagerait des sacrifices qu'elle faisait au soutien de l'autorité.

Ainsi notre pauvre dupe consommait sa ruine et celle d'Élyse ; car, pour Zélia, il n'imaginait seulement pas qu'elle pût perdre un jour la propriété de Champfleury, si ce n'était par la naissance d'un fils, qu'il n'espérait plus devoir se réaliser, étant de fait séparé de sa femme, s'il ne l'était pas de droit. Mais la modeste fortune d'Elyse était si bien assurée, et la modération dans la quelle elle était élevée, la lui rendait tellement suffisante, qu'il était sans inquiétude pour elle, quoique chaque jour elle lui devint plus chère, car il n'y avait pas une semaine qu'il n'allât à Vierzon, passer vingt-quatre heures avec cette bonne petite et ses parentes.

Il voyait avec un grand plaisir ses succès; la manière parfaite dont elle était élevée lui faisait faire de douloureuses réflexions sur le sort de Zélia, laissée, par sa mère, dans la chaumière où elle avait été nourrie, n'ayant aucune connaissance de ses parens, ni d'autre éducation que celle des enfans de paysans. Il tenta cependant de rappeler à sa femme des devoirs qu'elle méconnaissait, en lui demandant, pour prix des sacrifices constans qu'elle exigeait, de lui donner sa fille, dont il espérait que sa belle-mère voudrait bien se charger, pour l'élever avec Elyse, et accoutumer ainsi les deux sœurs à s'aimer.

Voici la réponse de la baronne, à ce sujet :

Paris, le 16 juin.

« Vous me faites pitié, monsieur, par votre étrange confiance ! Quelle idée de mettre notre fille dans les mains de ses plus mortels ennemis ! Lui faire connaître et aimer, comme sa sœur, cette Elyse que vous m'avez dit vous même........ Mais cela est tout simple ; vous passez votre vie avec ces dames, et ce sont elles qui vous inspirent des sentimens si opposés aux vrais principes de l'honneur. Aussi votre conduite rompt-elle les faibles liens qui existaient entre vous et moi ; et s'il vous reste encore assez de pudeur, pour éviter l'éclat, laissez-moi conduire votre fille suivant mes principes; ou j'obtiendrai, par une séparation juridique, d'être seule maîtresse de cette enfant, à qui je laisserai une assez belle fortune pour qu'elle ne dépende que de moi ; et je ne souffrirai pas qu'elle ait aucun rapport avec un être dont la naissance, d'après vous-même, est si incertaine.

» Je suis, etc.

PHILIBERTE. »

CHAPITRE XXXII.

Qui peindra le chagrin que cette lettre causa à M. de Bonneville! Il s'accusa de tout ce qu'elle contenait d'injurieux contre Élyse. C'est lui, c'est son atroce jalousie et le besoin de se justifier sa conduite envers Alix, qui lui avaient fait confier à Philiberte ses soupçons injustes sur l'existence d'Élyse. Qui réparera ce mal! « Et toi, se disait-il, ma pauvre Zélia, te voilà donc pour jamais séparée de l'amie que la nature t'a donnée, et privée des solides instructions que tu aurais reçues auprès de madame de Lignac! C'est moi qui ai fait tout ce mal! » Il était si triste, que le comte, qui prenait à lui un véritable intérêt, voulut absolument en savoir la cause. Le baron lui fit voir la lettre de sa fille, qui l'indigna; il se chargea d'y répondre. Après lui avoir reproché sa conduite avec son mari, il finissait sa lettre en lui disant que si elle ne prenait pas plus de soin de l'héritière de Champfleury, il pourrait bien se donner un successeur plus digne de posséder ce beau domaine, qu'une petite fille abandonnée à des mains mercenaires et rustiques, et qu'il lui ordonnait de lui envoyer sur-le-champ Zélia, ou qu'elle pouvait compter que jamais elle ne serait dame du château de ses pères et de ses immenses domaines.

Si la lettre de Philiberte à son mari

avait causé à celui-ci une peine mortelle, celle du comte à sa fille mit madame de Bonneville dans une colère que l'on ne peut exprimer. Madame de Sériol ne trouva d'autre moyen de la calmer, qu'en lui conseillant d'employer un moyen toujours cruel, mais qui devient atroce quand c'est une fille qui l'emploie contre son père : celui, j'ose à peine l'écrire, de le faire interdire. Comme elle avait tout crédit dans les bureaux du premier ministre, elle ne douta pas un instant qu'elle obtiendrait facilement d'ôter à son père la faculté de faire aucun acte qui transmettrait la substitution en faveur d'un autre que madame de Bonneville.

Quelque secrètes que fussent les démarches de la baronne, elles furent découvertes par un ancien serviteur du comte, qui était dans les bureaux du maréchal d'Ancre; et par un coup de la Providence, c'est lui qui fut chargé de suivre cette affaire. Celui-ci partit en poste, et vint en prévenir le comte, qui jura de s'en venger avant peu de jours. Après avoir magnifiquement récompensé celui qui lui rendait un aussi grand service, il le renvoya à Paris, lui recommandant de garder le plus profond secret.

Dès qu'il fut parti, il fit venir Charles Husson, et lui fit part de l'horrible procédé de sa fille; il le chargea de lui trouver une jeune personne de vingt-quatre à vingt-cinq ans, d'une naissance honnête, d'une réputation intacte, grande, bien faite, et d'une santé qui put faire espérer qu'elle donnerait le jour à un enfant fort et bien constitué. « Ah! mon cher maître, répondit Husson, il y a long-tems que je vous l'ai conseillé, et à nos âges, quatre à cinq ans sont beaucoup; mais enfin, vaut mieux tard que jamais. Quant à vous trouver une compagne comme vous la désirez, je ne crois pas pouvoir vous en indiquer une meilleure, et remplissant mieux les conditions que vous souhaitez trouver en elle, que Rémonde de Clergy, dont le père est mort quand sa fille avait au plus six mois. M. de Clergy s'était distingué à la bataille d'Ivry et au siége de Paris; comme il était cadet de sa maison, il a laissé sa veuve sans fortune. Elle nourrissait sa pauvre petite, lors de la mort de son père; madame de Clergy a versé tant de larmes, causées par la perte de son mari, qu'elle en est devenue aveugle après quelques années. Elle s'est retirée avec son enfant dans une petite métairie, à trois quarts de lieue de Bourges, où elle vit péniblement depuis vingt-trois ans. Sa fille, qu'elle a parfaitement élevée, lui rend les soins les plus tendres et les plus constans. Si vous voulez vous charger de la mère et de la fille, je suis bien sûr que Rémonde acceptera d'unir son sort au vôtre; mais elle ne se séparerait pas de sa mère pour tout l'or du Potôse. — J'en serais bien fâché. Husson, dis qu'on me selle mon cheval et un pour toi, et partons. » C'était précisément le jour où M. de Bonneville était allé à Vierzon.

Le départ fut aussi prompt que la résolution. Ils arrivèrent à Bourges; demandèrent le chemin qui menait chez madame de Clergy : on le leur indiqua, non sans parler de la mère et de la fille dans les termes les plus honorables, et surtout de la jeune personne, dont la piété filiale était au-dessus de tout éloge. Ayant laissé leurs chevaux à Bourges, ils se rendirent à pied à la métairie, où ils trouvèrent une vieille servante, qui ne voyant jamais venir chez sa maîtresse que le curé du village, fut fort étonnée de leur visite. Ayant demandé leurs noms, elle alla prévenir Rémonde, qui ne fut pas moins surprise; mais sa mère qui avait connu madame la comtesse de Merci, dit que l'on les priât d'entrer.

Rien autour de ces dames n'affligeait les regards; tout était d'un tel ordre et d'une telle propreté, tant sur leurs personnes que dans leurs meubles, qu'on ne désirait point d'y rencontrer un luxe inutile. La jeune personne, quoiqu'élevée dans une profonde solitude, n'avait rien de ce maussade embarras qui montre ou beaucoup d'orgueil, ou beaucoup d'incapacité; elle fit les honneurs du modeste logis de sa mère avec infiniment de grâces, et attendait, sans une curiosité indiscrète, ce qui amenait le comte chez sa mère. Il ne tarda pas à s'expliquer; et ce fut dans des termes si extraordinaires, que la mère et la fille ne savaient ce qu'elles entendaient. « Je viens, dit il, madame, vous demander mademoiselle de Clergy en mariage. Husson que voilà, et qui a ma confiance depuis cinquante ans, vous dira que madame de Bonneville, ma fille, me force à me remarier, par des procédés si atroces, que je rougirais de vous les faire connaître. Je suis tellement décidé à ce que j'ai eu l'honneur de vous dire, que si vous me refusez, j'épouserais plutôt la fille de mon fermier, d'ici à trois ou quatre jours, que de rester veuf plus longtems. Laissez-moi au contraire réparer l'injustice du sort à votre égard, et couronner, dans mademoiselle votre fille, la vertu la plus pure. »

Madame de Clergy, frappée d'étonnement, crut rêver. Cependant, elle répondit à une si singulière proposition avec toute la dignité et la prudence qui formaient son caractère, et insista sur la nécessité de ne point précipiter une affaire dont il pouvait se repentir. « Quelques torts qu'aient nos enfans, ajouta-t elle, on regrette toujours quand on les punit trop sévèrement. Ainsi, monsieur, attendez quelques mois, et si vous persistez dans votre projet, je crois pouvoir répondre que ma fille acceptera l'honneur que vous lui faites. — Attendre, madame ! puisque vous me forcez de le dire, que ma fille ait obtenu, par la maréchale d'Ancre, (elle ne rougit pas d'être du nombre de ceux qui font bassement leur cour à cette intrigante) des tribunaux, de me faire interdire ! — Quelle horreur ! s'écrièrent la mère et la fille ; mais en êtes-vous bien certain ? — Si certain, que c'est celui qui est chargé de faire le rapport de cette infâme requête, qui a pris la poste pour venir m'en avertir. — A cela, dit madame de Clergy, il n'y a rien à répondre ; mais laissez-moi le tems, monsieur, de sonder les dispositions de ma fille : ce que je ne puis faire en votre présence. — Rien de plus juste, madame ; je retourne à Bourges, où j'ai laissé mes chevaux. Je viendrai demain matin, de fort bonne heure, savoir mon arrêt : car je sens que s'il m'est contraire, j'en éprouverai une sensible douleur. La renommée, en me faisant connaître les vertus de mademoiselle de Clergy, m'a déterminé à une démarche qui vous a étonnée ; et depuis que je l'ai faite, je ne vous cacherai point que tout vieux que je suis, les grâces dont la nature a paré l'aimable Rémonde, me feraient vivement regretter qu'elle ne voulût pas accepter avec mon nom l'espoir de quatre-vingt mille livres de rentes, qui lui siéraient si bien, et dont elle ferait un si digne usage. » La mère et la fille répondirent avec beaucoup de retenue ; elles engagèrent le comte à dîner, mais il refusa, et reprit le chemin de Bourges avec son fidèle confident.

CHAPITRE XXXIII.

« Convenez, dit en chemin Charles Husson à son maître, que je vous ai trouvé une compagne digne de vous et de remplacer feue madame la comtesse ! — Cela est vrai ; mais il n'est pas certain que la jeune personne veuille de moi, car je pourrais facilement être son aïeul ! — Elle aime tant sa mère ! elle sera si aise de lui procurer tout ce qui pourra lui être agréable ! Et puis, il y a des créanciers du mari qui les tourmentent : je crois qu'elle acceptera. — Je crains seulement de n'avoir pas assez insisté sur la volonté dans laquelle je suis de ne point séparer la mère et la fille. Si tu retournais chez madame de Clergy, et que tu réparasses cet oubli ? — Oh ! monsieur, je ne pourrais pas tourner cela comme il faut en parlant à ces dames. Mais, tenez, voilà un cabaret sur la route, entrez-y ; vous écrirez à madame de Clergy, j'irai porter la lettre. — Tu as raison : cela vaudra mieux. » Ils entrèrent dans l'auberge, et M. de Merci écrivit le billet suivant :

« Madame,

» Troublé au dernier point par la démarche hardie que j'ai faite, en vous demandant la main de mademoiselle votre fille, je crains de n'avoir pas assez clairement fait entendre que je mettais au nombre des avantages de cette alliance, le bonheur, madame, de vous posséder toute l'année à Champfleury, et de ne pas séparer deux êtres que leur amour maternel et filial me rendra plus chers encore. Je me hâte donc, madame, de vous exprimer mes vœux à cet égard, et les assurances du respect avec lequel j'ai l'honneur d'être,

» Votre très-humble et très-obéissant serviteur,

» Le comte DE MERCI. »

Comme les voyageurs n'étaient pas à une demi-lieue de la métairie, le comte resta à l'auberge pendant que Charles retourna chez madame de Clergy, qui, après que sa fille lui eut lu la lettre de M. de Merci, dit au porteur : « Je suis reconnaissante des marques d'intérêt que M. le comte de Merci me donne par sa lettre; mais comme il ne s'agit pas de moi dans cette affaire, cette attention à m'apprendre ses dispositions envers moi, ne peut influer sur la résolution de ma fille, dont j'aurai l'honneur de lui faire part demain. » Elle témoigna à Charles Husson qu'elle était fâchée de la peine qu'il avait prise, et lui offrit de se rafraîchir; mais ce bon serviteur remercia madame de Clergy, en disant que son maître l'attendait dans une maison située sur la route.

Husson ne fut pas très-satisfait de son ambassade; ces dames ne lui parurent pas très-empressées, et il ne pouvait concevoir qu'on ne fût pas enchanté d'être comtesse de Merci et dame de Champfleury. Il était moins âgé que son maître; mais il y avait néanmoins assez de rapport dans leur manière de voir ; et Husson, qui aurait trouvé très-extraordinaire qu'on refusât son maître, en avait quelque inquiétude. Cependant, il se garda bien de faire passer ces idées dans l'âme du comte ; et celui-ci qui se croyait amoureux, parce qu'il trouvait Rémonde belle et aimable, rêvait tout éveillé qu'il retrouverait près d'elle ses belles années, mais que surtout il en aurait un fils qui le ferait rentrer dans la propriété de Champfleury. C'était, il est vrai, une chance à courir, qui pouvait mal tourner ; mais enfin, le comte se flattait que le ciel qui punit les enfans ingrats, le protégerait, et lui donnerait un héritier qui réduirait la baronne à la simple portion d'une partie de la terre de Bonneville. Il vit revenir Charles Husson avec sécurité ; et la réponse assez équivoque de la mère ne l'effraya pas, il n'y vit qu'une prudence qui redoublait son estime pour elle.

Dès le point du jour, il se leva ; et ayant réveillé Charles Husson, il lui dit de faire seller leurs chevaux ; car étant encore fort bon écuyer malgré ses soixante-dix ans, il voulut faire preuve de ses talens en se rendant à la métairie, où on savait qu'il allait revenir. Aussi, Rémonde avait, avec encore plus de soins que de coutume, présidé à la toilette de la pauvre aveugle ; la sienne avait aussi plus de recherche, et le déjeûner le plus agréablement servi attendait les voyageurs. A ces apprêts, le comte eut la douce espérance qu'il ne serait pas refusé.

La veille, avant de quitter madame de Clergy, il lui avait laissé une copie du testament de son frère, qui n'assurait la propriété irrévocable de Champfleury qu'à la naissance d'un garçon, car il était incapable de tromper ; il y joignit un état des avantages qu'il pouvait faire à sa future, si elle n'avait point de fils. Ils étaient encore assez considérables en proportion de la fortune plus que médiocre de madame de Clergy ; ainsi, ils eussent pu suffire à Rémonde pour accepter la main de M. de Merci. Elle s'assurait, par ce mariage, que madame de Clergy ne manquerait de rien ; d'ailleurs, elle savait gré à M. de Mercy, d'avoir prévu que ce qui la toucherait le plus, serait de ne jamais se séparer de sa mère.

Le comte la trouva donc parfaitement disposée en sa faveur. Cependant Rémonde, après que sa mère eut assuré M. le comte de Merci qu'elle se trouvait honorée de sa demande, et qu'elle consentait à ce que sa fille l'acceptât, si cela lui convenait, lui dit : « Je ne puis être qu'infiniment sensible à la marque d'estime que vous me donnez en me choisissant pour votre compagne ; mais je vous supplie de bien écouter votre cœur, de ne pas vous hâter de punir, d'une manière aussi grave, madame votre fille ; enfin, si vous êtes déterminé à vous marier, je vous prie de conserver à madame de Bonneville tout ce qui sera disponible de votre fortune ; plus j'ai connu la pauvreté, plus je serais affligée d'être cause qu'elle s'y trouvât réduite par mon mariage avec vous. — Un sentiment si généreux, mademoiselle, ajoute encore au bonheur que je me propose avec vous. Jamais madame de Bonneville ne sera dans la misère ; je ne le voudrais pas, non pour elle, mais pour son mari, sa fille et sa belle-fille ; j'ai passé hier la soirée avec le plus habile notaire de Bourges pour concilier ces différens intérêts. Dès que vous m'aurez donné un fils, je rends à M. de Bonneville sa terre, dont la vente, dès cet instant, sera annulée, et je charge en outre le propriétaire de Champfleury de payer pour cent cinquante mille francs de dettes que Philiberte aura pu contracter, de manière que la terre de Bonneville n'en puisse être grevée, substituant en outre la baronie de Bonneville aux filles d'Adolphe. Je vais retourner à l'instant à Bourges pour faire dresser le contrat, et pour obtenir de l'archevêque toutes les dispenses dont nous avons besoin, car je veux être, dans trois jours, le plus heureux des hommes. »

CHAPITRE XXXIII.

On déjeûna, et aussitôt après M. de Merci remonta à cheval, qui, d'un tems de galop fut à la ville. Il fit dresser le contrat de mariage, où avec une grande justice il conserva à Elyse tout le bien de son père, que la faiblesse du baron lui avait fait engager si imprudemment. Il s'occupa aussi de la pauvre Zélia, que la naissance d'un frère de sa mère pourrait ruiner. Il avait fait de grandes économies dont Charles Husson avait seul le secret ; M. de Merci le chargea, par un acte particulier, de les remettre directement à sa petite fille, quand elle aurait atteint l'âge de vingt-cinq ans, ou plutôt si elle se mariait ; et comme Husson était presqu'aussi âgé que son maître, il fit signer quatre des principaux habitans de Bourges, qui tous jurèrent de garder le silence sur le contenu de ce testament, et chacun en reçut une copie, avec le pouvoir de mettre Zélia en possession de ce trésor, lorsqu'il en serait tems, voulant toutefois, si Zélia venait à mourir ou à se faire religieuse, avant cette époque, qu'il fût remis sur-le-champ à Elyse, comme à sa plus proche héritière.

On est étonné avec quelle rapidité M. de Merci mit ordre à tant d'affaires si difficiles et si compliquées, sans négliger les démarches pour obtenir les dispenses dont il aurait besoin, afin d'être marié le troisième jour; et le tout avec un si profond mystère, que personne dans la ville, excepté les autorités dont il avait besoin, n'en avait le moindre doute. Il porta l'activité jusqu'à trouver le tems d'acheter des bijoux ainsi que des pièces d'étoffes pour la future comtesse, de très-beaux anneaux de diamans, une croix pareille, des bagues, des bijoux d'or, mais simples, et tels qu'ils convenaient à la femme d'un homme de soixante-dix ans. Les étoffes étaient riches, mais de couleurs modestes, et des dentelles d'ancien dessin; enfin, il voulait que la jeunesse et les grâces parussent aux fêtes de cet hymen sous le costume bizarre de l'âge mur, afin de rendre moins choquante la disproportion d'années qui se trouvait entre lui et la belle Rémonde.

Avant de lui remettre ces dons de sa tendresse, il voulut que le contrat fût signé, et le notaire, qu'il avait amené avec lui, lut cet acte, chef-d'œuvre de justice pour M. de Bonneville et ses filles; de sévérité, hélas! trop méritée contre madame de Bonneville; surtout M. de Merci y montrait une tendre sollicitude pour l'être vertueux qui consentait à unir son sort au sien, et qui courait la chance, si Dieu ne lui donnait pas un fils, d'avoir fait un mariage extraordinaire, sans de très-grands avantages. Cependant on ne pouvait disconvenir que cette union mettait mademoiselle de Clergy, ainsi que sa mère, quelqu'événement qui s'ensuivît, dans un état bien au-dessus de celui dans lequel il les avait trouvées, et dont même elles n'avaient pas la certitude de jouir long-tems.

La mère se récria sur la générosité du comte. Tous deux signèrent, (car on conduisit la main de madame de Clergy) qui signa ainsi que sa fille, avec une vive reconnaissance. Il offrit aussitôt à Rémonde une corbeille de jonc, d'un tissu si fin, qu'on eût dit une étoffe de soie : elle l'ouvrit, elle y trouva les bijoux dont on a parlé. Elle en fut très-enchantée, et dit par un sentiment qui peignait sa vive tendresse pour madame de Clergy: Ah! si ma pauvre mère pouvait voir ces beaux présens!... Mais madame de Clergy, qui avait comme tous les aveugles, un tact très-fin, suppléa aux yeux qui lui manquaient, en touchant ces riches et modestes parures, qu'elle trouva du meilleur goût et surtout parfaitement convenables : elle devina sur-le-champ le motif qui les avait fait choisir à M. de Merci.

Comme il était tard, le notaire resta à la métairie : c'était un samedi ; les bans devaient être publiés le dimanche. Il fallut donc que le comte alllât le soir même au presbytère, qui était au bout du village.

Quoiqu'un homme de trente ans eût pu être fatigué de tout ce que le comte avait fait dans la journée, il ne se rendit pas moins chez le pasteur, qui fut bien étonné quand il vit les dispenses de l'archevêque pour marier mademoiselle de Clergy dans trois fois vingt-quatre heures, avec M. le comte de Merci, dont il connaissait la fortune et la générosité. Cependant, il avait su que madame de Bonneville était sa fille, et il ne concevait pas comment il se remariait :

mais comme il aimait et estimait madame et mademoiselle de Clergy, il ne fit aucune observation. Les affaires de famille de M. de Merci ne le regardaient pas, et il n'était pas son paroissien. Il se borna donc à promettre le secret jusqu'au lundi, que devait se faire le mariage. Il reçut avec reconnaissance pour ses pauvres, cinquante pièces d'or à l'effigie du jeune roi, et vint souper chez madame de Clergy, qui avait chargé son futur gendre, de l'y inviter.

Le repas qui était fort bon, fut très-amical. Cependant Rémonde ne pouvait penser sans chagrin, que si elle avait un fils, elle causerait par son mariage, à sa belle-fille, un tort si grand, qu'elle ne pourrait le lui pardonner, et deviendrait sa plus mortelle ennemie. Hélas! se disait-elle intérieurement, nous étions pauvres il est vrai, mais tous les cœurs nous étaient ouverts ! à présent les plus proches parens de mon époux me haïront; et si elle n'avait pas su qu'un ancien créancier, qui était absent depuis dix ans, était revenu à Bourges, et demandait à sa mère vingt-huit mille livres, qu'elle ne pouvait payer qu'en se réduisant à la plus affreuse misère, elle aurait, même encore à ce moment, rétracté sa promesse. Mais priver madame de Clergy de l'étonnante ressource, que la Providence lui avait ménagée, ne pouvait s'accorder avec sa vive tendresse pour cette mère infortunée.

Le comte vit bien qu'elle était rêveuse, il lui en demanda la cause. « Hélas ! dit-elle, j'en ai sujet; je vais être unie par des liens sacrés avec votre fille, et c'est moi qui, peut-être, lui enleverai la belle terre de Champfleury ! Ah ! promettez-moi qu'aussitôt que j'aurai un fils, si c'est dans les décrets célestes que j'aie ce bonheur, vous laisserez à ma disposition une somme de trente mille livres, qui seront placées tous les ans au nom de madame de Bonneville, afin qu'elle n'ait jamais à m'accuser d'avoir consenti entièrement à sa ruine. » M. de Merci ne put qu'applaudir à un sentiment si délicat, on ajouta cette clause au contrat, mais à condition qu'elle resterait inconnue jusqu'à la mort du comte. Rémonde qui faisait le bien par un heureux instinct, ne cherchait pas la publicité, et consentit sans peine que l'article restât secret.

En sortant de table, le notaire ajouta ce que la belle accordée avait demandé; on le signa, et alors Rémonde laissant tomber sa main dans celle du comte, lui dit avec un abandon qui le charma : « A présent je me donne à vous sans remords, et j'espère que mes soins et ma tendre reconnaissance conserveront, et embelliront pendant de longues années votre existence. » Le comte couvrit de baisers cette main qu'on lui donnait de si bonne grâce malgré son âge, et n'osa rien de plus. La vieillesse est timide, et c'est un des malheurs de l'âge.

Le curé offrit au comte de venir coucher au presbytère, car il est contre l'usage que des accordés habitent le même toît, quoique les nombreuses années de M. de Merci eussent pu rendre cette précaution inutile. Il s'y conforma avec une sorte d'orgueil, dont madame de Clergy sourit. Le lendemain, dimanche, les bans furent publiés. On apprit avec plaisir dans le village, que mademoiselle de Clergy allait se marier, mais on croyait que le vieux comte était le père du futur. La journée se passa en projets : on partira aussitôt la cérémonie, on ira droit à Bonneville. Tant que l'héritier n'était pas né, Champfleury appartenait à madame de Bonneville : mademoiselle de Clergy en était fort aise, parce que c'eût été pour elle une transition trop brusque, de passer de la métairie de sa mère à Champfleury, qui était une habitation digne d'un prince, au lieu que Bonneville, tout aussi commode, et peut-être plus, n'avait rien de la magnificence des anciens châteaux. Mademoiselle de Clergy, désirait peut-être dans le fond de son cœur, y rester toujours, car alors madame de Bonneville n'aurait rien à lui reprocher; et lorsque Rémonde laissait percer ce désir : » Non! non! disait le père de Philiberte, il faut qu'elle soit sévèrement punie, et que son exemple effraie les enfans ingrats! — Ah! monsieur, il est si doux de pardonner! — Encore faudrait-il se repentir, pour mériter le pardon que votre noble cœur sollicite pour elle! — Eh! qui vous dit, monsieur, qu'elle ne se repent pas? —Toute sa conduite, mademoiselle, et surtout son caractère est trop altier, pour qu'elle veuille convenir qu'elle a tort! Mais, je vous en supplie, laissez-moi oublier les chagrins qu'elle me cause, et dont la trace s'efface près de vous. De suite, il parlait de sa chasse, de sa forêt, de ses étangs, de ses droits seigneuriaux; mais tout cela ne touchait que faiblement la sensible Rémonde. Assurer le repos de sa mère et vivre près d'elle, était tout ce qu'elle désirait.

CHAPITRE XXXIV.

Autrefois les fiançailles précédaient le mariage, quelquefois de plusieurs mois ; mais comme le comte voulait retourner promptement à Bonneville, il désirait que tout se fît le plus vîte possible. Aussi, eurent-elles lieu le dimanche au soir, quand tout le monde fut couché dans le village : On ne sonna pas, et il n'y eut que le bedeau et le sacristain qui assistèrent à la cérémonie.

Dès cinq heures du matin, madame de Clergy se leva ; car souvent le bonheur éloigne le sommeil ; et elle regretta la lumière qui lui était ravie, ne pouvant pas aider sa fille à se parer; et ce fut même avec assez de difficulté, qu'elle posa la couronne virginale sur son front; la vieille servante qui l'avait élevée, habilla sa jeune maîtresse; la toilette de la mariée consistait en une simple robe de satin blanc, qui venait de madame de Clergy; car on n'avait pas eu le tems d'en faire une de celles que M. de Merci avait données à sa future.

A six heures, M. de Merci vint avertir ces dames, que le curé les attendait à l'Eglise. Rémonde s'y rendit avec sa mère; tous les villageois étaient partis pour leurs travaux; il n'y avait à la cérémonie, que les personnes absolument nécessaires. On rentra à la métairie, où on déjeûna. M. de Merci avait fait demander à Bonneville, sa litière et un chariot. Madame de Clergy et sa fille montèrent dans la première, et on plaça sur le chariot les meubles et effets qui leur appartenaient.

M. de Merci et son fidèle Husson suivirent à cheval, et prirent la route de Bonneville. Ils y arrivèrent sur les onze heures du matin. Un excellent dîner les attendait, car Husson en avait donné l'ordre. M. de Bonneville et cinq à six personnes de la société intime du comte s'y trouvaient : on ne fut pas peu surpris de voir descendre de la litière, une femme aveugle que l'on ne connaissait pas, et une mariée, car le comte n'avait pas voulu que sa femme quittât la robe qu'elle avait mise pour se rendre à l'Eglise. M. de Merci donna le bras à sa belle-mère, et M. de Bonneville ne pouvait pas manquer d'offrir le sien à la belle inconnue.

Quand on fut entré dans le salon, et qu'Albert eut fait asseoir madame de Clergy dans un grand fauteuil, il prit la main de Rémonde, et dit, en s'adressant à tous ceux qui se trouvaient là : « Messieurs, j'ai l'honneur de vous présenter madame la comtesse de Merci : nous avons reçu la bénédiction nuptiale de la main de M. le curé d'Ancelot, il y a quelques heures. Tous félicitèrent le comte sur son choix ; le baron gardait seul le silence, et semblait frappé d'étonnement. Alors, M. de Merci s'approcha de lui, et lui dit : « Mon cher Bonneville, quand vous aurez pris connaissance de mon contrat de mariage avec madame, j'espère que vous me rendrez justice ; car je suis incapable de manquer à ce que la délicatesse exige ; » puis, lui serrant la main, « Je vous ai rendu Bonneville à ma mort, et de ce moment, la jouissance du château ; quant à votre femme, je lui laisse Champfleury, tant que madame de Merci n'aura pas de garçon, et si elle en a un, comme je l'espère, Rémonde a exigé que madame de Bonneville, si elle continue à être à la Cour, pût trouver une ressource assurée contre les coups du sort. Enfin, lisez la copie de cet acte, et vous verrez si un père, aussi cruellement outragé, eût pu moins faire pour témoigner son mécontentement.

M. de Bonneville ne savait point ce que sa femme avait tenté contre son père ; il le lui apprit ; alors, sa conduite envers sa fille lui parut naturelle ; mais il le supplia de ne point étendre sa vengeance sur sa pauvre Zélia. « Vous pouvez être assuré, reprit M. de Merci, qu'elle m'est et me sera toujours chère, surtout si elle est assez heureuse pour avoir vos vertus. » M. de Bonneville remercia son beau-père de la bonne opinion qu'il avait de lui, le supplia de pardonner à sa femme, qui, certainement, avait reçu de mauvais conseils. « Je crois bien que sa chère amie, Sériol, est cause, en grande partie, de ses torts; mais son cœur est froid et insensible, et sa tête brûlante ; avec cela, elle ira loin, si vous n'y prenez garde. — J'attends que le tems et le malheur fassent en elle une heureuse révolution. — Je le souhaite. »

M. de Bonneville pria son beau-père de le présenter particulièrement à la comtesse. « Volontiers, dit-il ; et le prenant par la main : voilà mon gendre, ma belle amie, que je veux que vous aimiez pour l'amour de moi, car je l'aime et l'estime beaucoup. Il a, comme vous savez, une fille, née de mademoiselle de Lignac, dont les parentes sont des femmes d'un grand mérite, et je suis sûr qu'elles vous verront avec un vrai plaisir, comme je ne doute pas que vous aurez infiniment d'amitié pour votre belle-fille et son aimable sœur. »

Rémonde répondit à tout ce que lui disait son mari, avec beaucoup de modestie et de sensibilité ; elle ne mit pas moins de grâces à faire les honneurs du dîner ; et tout le monde convenait que, si c'était une folie à un vieillard d'épouser une jeune femme, le comte n'en pouvait choisir une, dont la physionomie annonçât plus de candeur et de vertu. On fit aussi des complimens à madame de Clergy, sur la beauté et les grâces de sa fille. — Elle annonçait, dans son enfance, qu'elle devait être jolie, dit la pauvre aveugle ; je ne cache point que j'attachais beaucoup de prix à ce frivole avantage ; Dieu m'en a punie, en me privant du bonheur de la voir, à l'âge où l'on doit être le mieux; et vous auriez pitié de ma faiblesse, si je vous disais que c'est une des plus sensibles privations que le Ciel m'ait imposées. » On l'assura qu'en effet elle était très-grande, et qu'elle avait raison de s'affliger, de ne pouvoir juger des charmes de Rémonde, car sa fille était charmante. On vit se peindre dans la physionomie de madame de Clergy, cette douce joie que l'amour maternel éprouve, quand l'objet de son affection a des succès.

Il faut cependant convenir que jamais jour de noces ne fut plus grave. Le curé de Bonneville et le bailli, qui avaient été du dîner, sortirent, pour aller annoncer aux habitans du village, que leur seigneur était remarié, et ils revinrent à leur tête complimenter les époux. Le comte fit défoncer une tonne de bon vin, et donna un double louis à tous les chefs de famille ; puis il permit que l'on dansât dans la cour. A la chute du jour, chacun se retira ; le curé de Bonneville emmena son confrère; madame de Clergy, donnant le bras à sa fille, la conduisit dans le magnifique appartement qui lui était destiné, et qu'autrefois M. de Bonneville avait fait décorer et meubler pour Alix. Madame de Clergy remit sa fille dans les bras de son gendre, et les ayant bénis, se retira, conduite par sa fidèle servante, qui disait entre ses dents : Quel dommage qu'il soit si vieux !

CHAPITRE XXXV.

La renommée ne tarda pas à apprendre à Philiberte, que son père était remarié, et l'avait gagné de vîtessse ; car si elle obtenait maintenant l'interdiction, à quoi lui servirait-elle ? Empêcherait-elle que son fils, s'il en avait un, n'enlevât Champfleury à sa sœur. Brouiller la jeune femme avec son mari, pour empêcher qu'elle ne devînt mère, lui parut ce qu'elle pouvait faire de mieux ; mais, pour cela, il fallait quitter Paris, la Cour, et ce sacrifice lui semblait bien grand, surtout au moment où la majorité du Roi va changer toutes choses; mais madame de Sériol peut lui rendre le service d'aller à Champfleury, et au moins l'instruire de ce qu'il est possible d'espérer : son amie y consentit.

M. de Bonneville, depuis le mariage de son beau-père, ne quittait presque point Champfleury ; il est étonné, un beau matin, de voir arriver Zéphirine, qui lui apportait une lettre de sa femme, dans laquelle elle déplorait le malheur qui lui arrivait. M. de Bonneville reçut madame de Sériol très-froidement, et lui dit que madame de Bonneville pouvait seule s'accuser du mariage de son père ; que sa conduite avec lui était si mauvaise, qu'à la place de M. le comte de Merci, il en eût fait autant ; que celle qui n'a pour son père, ni tendresse, ni respect, doit s'attendre qu'il se détachera d'elle, et cherchera, dans un lien légitime avec une femme vertueuse, un moyen d'échapper à l'abandon dans lequel le laisse une fille ingrate. Voilà, madame, le fruit de vos conseils ! vous avez constamment porté le trouble dans les deux familles, et je ne vous cache point que je suis étonné que vous soyez venue ici ; vous êtes si bien, madame, à la cour ! ce théâtre renaissant des intrigues vous convient beaucoup mieux que la tranquillité de la campagne. — En vérité, mon cher baron, je ne m'attendais pas à une semblable réception. — Descendez dans votre cœur, madame, rappelez-vous les maux dont vous avez été cause, et vous ne serez pas surprise de l'impression douloureuse que doit me causer votre présence, surtout ici, où tant de souvenirs !... et une larme mouilla sa paupière. — Mais je n'ai jamais voulu que votre bonheur ! c'est vous qui êtes un ingrat. — Ah ! si vous avez voulu travailler à me rendre heureux, cela a été par des moyens qui ont eu des suites si cruelles, que je me crois délié de toute reconnaissance envers vous. » Elle voulut, ou fit semblant de vouloir s'en aller, mais le baron la retint à dîner. Il n'avait que quelques chasseurs qui ne la connaissaient pas, et qui ne firent aucune attention à elle : ce qui la piqua au vif. En sortant de table, elle repartit pour Vierzon ; et le lendemain, elle vint à Bonneville.

Le comte y mit moins de ménagement qu'Adolphe. Dès qu'il sut qu'elle était descendue de sa litière, il fit dire au muletier de ne pas dételer; puis il vient dans la galerie où était entrée Zéphirine, et sans aucune forme polie, il lui demande ce qui peut lui donner l'assurance de se présenter chez lui. « Monsieur, il me semble que notre ancienne connaissance....! — Moi ! je ne vous ai jamais connue. Ma fille me vanta votre esprit, vos bons principes, me demanda de vous avoir auprès d'elle, j'y consentis ; vous avez abusé de ma confiance; et, grâce à vous, à vos abominables conseils, ma fille est un monstre. — Que dites-vous, monsieur ? — la vérité : je vous déclare que je ne souffrirai point que, ni vous, ni elle, vous veniez ici troubler la paix de mon union avec ma femme. J'ai fait donner ordre qu'on ne dételât pas vos mulets ; faites-moi le plaisir de remonter dans votre litière, et de me délivrer du malheur de vous voir plus long-tems. — Monsieur, vous vous repentirez de vos procédés avec une femme comme moi. — Je n'ai à me repentir que de vous avoir reçue chez moi. Au surplus, je vous ai dit, madame, mes intentions, je vous prie de vous y conformer. » Et, ouvrant la porte de la galerie, il lui présenta la main pour en sortir.

Madame de Sériol, rouge de colère, et ne pouvant concevoir comment on osait la traiter aussi mal, fut si troublée, qu'elle se laissa conduire à sa litière, sans savoir ce qu'elle faisait ; le comte l'aida à y monter ; on la ferma, et les mulets partirent. Le comte dit assez haut, pour que madame de Sériol pût l'entendre :

« Quand cette femme se présentera ici et me demandera, moi ou tout autre, je vous défends de la laisser entrer dans le château, sous peine d'en être chassés vous-mêmes. »

Elle arriva à Vierzon dans un accès de rage, et fut obligée de garder le lit pendant huit jours. Durant ce tems, personne ne vint chez elle, quoiqu'elle eût fait quelques visites en arrivant; mais on avait su comment elle avait été reçue à Bonneville; d'ailleurs, on la connaissait trop, pour ne pas la redouter. Elle sentit qu'un plus long séjour à Vierzon, ne ferait qu'ajouter à sa honte, et, dès que sa santé le lui permit, elle revint à Paris, où elle trouva la baronne au désespoir, de la manière dont son mari et son père avaient reçu sa seule amie. Elle l'en consola de son mieux, en lui promettant qu'incessamment elle irait avec elle à Bonneville, où il faudrait bien qu'on la reçût avec les égards qu'elle méritait. Madame de Sériol avait été trop profondément blessée, pour être pressée de revenir dans un pays où elle avait reçu un si sanglant outrge, et elle la supplia de la laisser à Paris.

La baronne avait des raisons pour revenir dans sa terre promptement ; car elle avait vainement demandé de l'argent à Charles Husson. Depuis que son maître était marié, il était si persuadé qu'il aurait un fils, qu'il ne voulait point anticiper sur les revenus d'un bien qui devait retourner à M. de Merci ; et ainsi, Philiberte avait beau tirer sur lui, il ne faisait honneur à aucune de ses traites. Le baron partageait avec elle les revenus de Bonneville, et les emprunts qu'il avait faits pour soutenir sa femme à la Cour, les avait beaucoup diminué. En ce moment, il se trouvait lui-même si mal à son aise, qu'il pensait quitter Champfleury, qui lui coûtait trop, pour se retirer, avec Mesdames de Lignac et de Blézaire, et sa fille, à Vierzon.

Tandis que tout allait fort mal pour M. et madame de Bonneville, le comte se trouvait heureux, au-delà de ce qu'il aurait pu espérer; Madame de Merci ne démentait pas un seul moment l'opinion qu'il avait conçue d'elle. Ses soins constans se partageaient entre sa mère et son époux. Aimée, respectée dans son domestique, estimée de ses voisins, il n'y avait qu'une voix sur son compte. On la comparait à Alix pour sa charité, sa bonté avec les pauvres habitans ; enfin, tout le monde désirait qu'elle eût un fils, et elle commença à l'espérer. Sa mère, à qui elle en fit part, en ressentit une grande joie ; bientôt il n'y eut plus de doute qu'elle serait mère dans quelques mois. Le comte en était tout fier, et M. de Bonneville plaignait le sort de de sa pauvre Zélia, que sa mère avait ruinée.

Quant à Elyse, elle était si gentille qu'elle eût pu se passer de fortune ; mais ce qu'elle avait en propre, mettait ses amis à l'abri de toute inquiétude sur son sort. Son père l'aimait chaque jour davantage ; il ne mettait qu'en elle son espérance ; et, comme je l'ai dit, il était au moment de se retirer à Vierzon, quand madame de Bonneville lui manda qu'elle comptait arriver à Champfleury à la fin du mois ; il reçut cette lettre le vingt-cinq.

Jamais nouvelle ne fut plus désagréable pour lui. Mesdames de Lignac et de Blézaire étaient venues passer quelques jours avec le père d'Elyse, à qui elles avaient amené cette aimable enfant. Il comptait demeurer avec elles, et tout-à-coup, le retour de cette méchante femme dérangeait tous ses projets.

Il fit part à ses amies de cette fatale lettre : elles en furent fort affligées, mais cependant ne l'engagèrent pas moins à recevoir la baronne, et à faire tous ses efforts pour bien vivre avec elle. C'est impossible ! il n'y eut jamais entre deux époux, une plus grande opposition de goûts et de caractères: cependant, pour ma pauvre Zélia, je ferai tout ce que je pourrai ; il est tems que Philiberte s'arrête, quant à la dépense ; car si madame de Merci a un fils, sa fille sera ruinée.

Madame de Lignac, ne pouvant prendre sur elle de revoir Philiberte, partit avec sa sœur et sa petite fille, qui ne voulait pas quitter son père : on l'emporta pendant son sommeil, ce qui évita les adieux.

Le même jour, comme il n'attendait la baronne que le lendemain, il alla dîner à Bonneville, pour faire part à son beau-père de l'arrivée de sa femme, et le supplier de vouloir bien lui permettre de lui amener Philiberte et Zélia. « Cette dernière, volontiers ! l'enfant n'est pas coupable, mais jamais je ne reverrai sa mère, et évitez-lui, mon ami, une réception dont elle serait trop humiliée. Venez plus tôt avec votre Zélia ; j'engagerai madame de Lignac à venir avec Elyse, de sorte que les deux petites se verront et s'aimeront. Adolphe le lui promit.

On se mit à table : peu après, madame de Merci entra dans le salon ; elle fit mille amitiés au baron, et insista aussi beaucoup, pour que son mari reçût sa fille, mais il fut inexorable. « Non, dit-il, je ne veux pas que son souffle empoisonné ternisse l'éclat de vos vertus ; vous n'aurez jamais aucun rapport avec elle ; c'est la seule chose, mon amie, que je me permettrai de vous défendre. » Il n'y avait rien à opposer à une volonté si précise. Pendant le dîner, M. de Bonneville était triste, le comte irrité, et madame de Merci inquiète.

Les personnes qui dînaient à Bonneville, se demandaient, qui troublait la paix de cette maison; mais quand ils surent que madame de Bonneville arrivait, ils ne furent pas surpris de ce qu'ils voyaient.

M. de Bonneville n'ayant pu rien obtenir, reprit le chemin de Champfleury, non sans réfléchir que si la femme de son beau-père avait un garçon, il serait forcé de quitter cette magnifique habitation, et de revenir à Bonneville, que le comte avait la générosité de lui rendre. Quant à lui, il s'y trouverait mieux qu'à Champfleury; mais, pour Philiberte, quelle douleur de quitter *les nobles tours de ses ancêtres!* Enfin, Adolphe vint l'y attendre.

Le lendemain, vers midi, on entendit les sonnettes des mulets; une litière, accompagnée de beaucoup de gens à cheval, entra dans la cour du château de Champfleury ; le cœur battit au baron ; ce n'était pas d'amour, mais de crainte d'éprouver de nouveau toutes les tracasseries que le caractère de sa femme lui avait fait souffrir pendant qu'ils étaient réunis, et qui, sûrement, recommenceraient. Il ne savait pas non plus si madame de Sériol accompagnerait Philiberte ; c'eût été pour lui un surcroît de peines ; mais il vit que madame de Bonneville descendait de sa litière, dans laquelle était une de ses femmes. Zélia n'était pas non plus avec sa mère.

Adolphe vint au-devant de Philiberte, et s'efforça de recevoir sa compagne avec les égards qu'elle avait droit d'exiger par son rang. A peine se donna-t-elle le tems de répondre aux premiers complimens d'usage, qu'elle lui dit, avec le ton aigre qu'elle avait toujours en parlant à son pauvre mari : « Vous n'avez pas, je crois, plus de plaisir à me voir ici, que je n'en ai eu à être forcée d'y venir; mais votre Charles Husson est un imbécille ou un fripon, qui ne m'envoie pas mes revenus; il faut bien que je vienne compter avec lui. — Je suis fort aise que la nécessité vous y ait contrainte, madame, et fasse enfin cesser une séparation aussi longue; mais venez vous reposer, nous parlerons plus tard d'affaires, d'autant plus que vous savez que j'y suis étranger. Charles Husson est votre homme, et non le mien. — S'il ne change pas de manières, il ne le sera pas long-tems! » dit-elle en entrant dans la galerie, où plusieurs personnes avaient été invitées par Adolphe de se rendre, pour rompre le premier tête-à-tête : c'étaient des voisins et plusieurs habitans de Bourges, qui composaient la société de Philiberte avant son mariage. Tous la félicitèrent sur son heureux retour. Elle y répondit avec une hauteur insupportable, car son séjour à la cour avait doublé son orgueil. On servit ; elle trouva tout mauvais, et dit qu'elle voyait bien qu'elle serait obligée de renvoyer tous les domestiques, et d'en faire venir de Paris. Son mari voulut prendre leur défense ; elle le pria de la laisser maîtresse de sa maison. — Voilà assez de tems, monsieur, que vous régissez tout ceci à votre fantaisie ! — Je vous ai déjà dit, madame, que je ne me mêle en aucune sorte de vos gens, que je n'ai fait que seconder les soins que monsieur votre père se donne, pour améliorer cette terre. — A propos de mon père, lui avez-vous dit que j'arrivais ? — J'ai été moi-même le lui apprendre. — Eh bien ! qu'a-t-il dit ? — Rien ! — C'est incroyable ! et avez-vous vu le tendre objet de sa flamme ? — J'ai vu madame la comtesse de Merci. — Eh bien ! comment est-elle ? — Fort belle, le maintien le plus modeste, de l'esprit, et le caractère le plus doux. — Mais c'est admirable ! Est-elle enceinte ? — On le dit. — On le dira sans cesse : vous pensez bien que l'on laissera toujours l'espoir au vieux mari, d'avoir un héritier de son nom ; mais cela n'ira pas plus loin. A soixante-douze ans, on ne fait point d'enfant : n'est-ce pas, messieurs ? » en s'adressant aux convives, qui ne répondirent point. M. de Bonneville était désolé, que des étrangers entendissent la manière leste dont elle parlait de son père ; mais ce fut bien pis, quand elle ajouta : « Qu'elle ne s'avise pas d'accoucher d'un garçon, car je plaiderai, et nous verrons. — Eh mon Dieu ! madame ! l'enfant n'est pas encore né ! ce ne sera peut-être pas un fils ; ne nous tourmentons pas d'avance ; prions Dieu qu'il daigne entretenir la paix et le repos parmi nous, sans lesquels il n'y a point de bonheur, quelque riche, quelque puissant que l'on soit !

CHAPITRE XXXVI.

Enfin, le dîner se termina, et ceux qui n'étaient venus que pour saluer la baronne à son arrivée, la trouvant si revêche, si maussade, quittèrent promptement Champfleury; et le tête à tête si redouté d'Adolphe, eut lieu. Après différens propos assez désagréables de part et d'autre, quoique le baron y mît beaucoup de modération, il voulut la mettre de bonne humeur en lui demandant des nouvelles de sa bonne amie de Sériol. » C'est bien heureux que vous vous apperceviez qu'elle manque ici; mais pouviez-vous croire qu'après la manière dont vous l'avez reçue, elle viendrait! — Je l'ai reçue avec politesse! pouvais-je plus! dites plutôt que ce sont les reproches que le comte lui a faits, qui ont déterminé Zéphirine à retourner à Paris! — Mais n'est-ce pas vous encore, par vos plaintes continuelles, votre jalousie...... pour couper court, elle ne viendra que lorsque vous l'en prierez! Adolphe ne répondit rien, et pensa que madame de Sériol serait long-tems absente, si elle attendait qu'il la priât de venir.

M. de Bonneville avait eu le plus grand désir de demander des nouvelles de sa petite Zélia, mais il craignait que sa femme ne lui fît devant des étrangers quelque réponse, qui donnerait mauvaise opinion d'elle, et il réprima le désir qu'il avait d'en avoir. Le curé ne lui avait pas écrit depuis plusieurs mois, quand, après ce que je viens de rapporter, se trouvant seul avec sa femme, tout-à-coup Philiberte, qui était incapable d'un sentiment humain, même pour son enfant, dit à son mari : « Vous ne savez pas que Zélia a pensé mourir ! — Que me dites-vous ? — Sa nourrice l'a laissée tomber, elle n'en a rien dit ; il s'est formé un dépôt sur l'épine du dos, qui malheureusement a percé, car sans cela elle serait morte: ce qui vaudrait mieux pour l'enfant, que d'être estropiée. — Ah ! mon Dieu ! et on ne m'en a rien dit ! — Ni à moi ! madame de Sériol a été la voir, et l'a trouvée à la mort ; sans cela, je l'aurais amenée ; mais que faire d'un enfant infirme ? — Ah ! je sais bien moi ce que j'en ferai ! Je vais faire partir à l'instant madame Duval (On se souvient que c'était la même que madame Jeannin), elle l'ira chercher, l'amenera ici, et on emploiera toutes les resources de l'art, pour la guérir. — Comme vous voudrez ; mais c'est un grand embarras, et puis il est triste de voir souffrir. — Il l'est encore plus, madame, de laisser périr par sa faute son enfant ; si vous l'aviez nourrie, cela ne serait pas arrivé. — A la cour, cela est bien possible ! — La reine Blanche en a donné l'exemple ! — Toujours des citations tirées des siècles passés. — Eh ! mon Dieu ! monsieur ! il faut suivre les usages de son tems ; d'ailleurs, c'est un mal sans remède ; mais je ne veux pas vous empêcher de suivre votre volonté à cet égard. »

Adolphe fit dire à son ancienne femme de charge de venir lui parler. On sait qu'elle l'avait quitté lors de son second mariage ; mais pendant l'absence de Philiberte, elle venait souvent au château pour prendre soin du linge; et elle y était alors. Madame Duval se rendit aux ordres du baron, qui lui remit de l'argent, tant pour la route que pour ce dont l'enfant pourrait avoir besoin, et la pria d'aller chercher sa pauvre Zélia.

La bonne madame Duval partit aussitôt pour Vierzon, afin de prévenir son mari. On attela deux forts chevaux à une petite charette couverte, dans laquelle on mit de la paille, un matelas, et des vivres pour la route, qu'elle fit le plus promptement possible. Madame Duval se rendit à Nogent-sur-Marne, où elle trouva la malheureuse enfant de Philiberte dans l'état le plus déplorable. Elle fut obligée de rester dans ce village pendant près d'un mois, pour que la pauvre petite pût soutenir le voyage. Pendant ce tems, elle en donnait des nouvelles à son père, qui ne pouvait cacher à Philiberte, combien il était irrité de la négligence qu'elle avait mise envers sa fille. « Vous m'impatientez! reprenait-elle avec colère! est-ce moi qui suis cause de la maladresse de la nourrice ? — Non! mais vous pouviez...... — Ne me rompez pas la tête de cette petite créature qui sera difforme, et qui serait par conséquent plus heureuse d'être morte. M. de Bonneville se faisait aussi à lui-même des reproches de n'avoir pas cherché à savoir pourquoi le curé ne lui écrivait pas. Il sut par madame Duval que le pasteur était mort la veille du jour que la petite avait fait cette terrible chute, et depuis, la cure était vacante. Enfin, ce père infortuné se flattait que ses soins et ceux de madame Duval répareraient le mal. Il ne pouvait se défendre d'entretenir sa femme de ses craintes et de ses espérances à ce sujet ; mais elle lui répondait : « Parlez-moi plutôt de l'arrangement de mes affaires ; quand me faites-vous avoir de l'argent, sur la rente de Bonneville ? — Jamais, madame ! ce qui reste est la portion de ma fille aînée. — Quoi ! vous me refusez ! — Oui, madame, parce que je le dois ! Restez ici, cette terre vous appartient encore, jouissez-en, mais vous n'aurez rien autre chose. » Elle se tordait les bras de fureur ;

mais le tems n'était plus, où Adolphe, dominé par la passion qu'il avait pour elle, était toujours prêt à lui tout sacrifier. A présent, froid, impassible, elle a perdu tous ses droits sur son cœur et à son estime. Son orgueil, son insensibilité ont éteint l'amour que ses charmes et son esprit avaient allumé en lui, et elle ne voyait que trop qu'elle avait fait un voyage inutile.

Cependant, elle avait fait dire à Husson de venir à Champfleury; elle lui parla avec une hauteur, une morgue, qui blessèrent ce vieux et digne serviteur! — Madame la baronne! je sais le respect que je vous dois, et dont je ne me départirai pas, mais aussi je sais ce que dans les circonstances présentes je puis faire. Ignorez-vous, madame, que madame la comtesse est dans le septième mois de sa grossesse, et que si elle a un fils, dans les ving-quatre heures, il vous faudra quitter cette terre, qui ne vous appartiendra plus ! — Vous êtes un vieux radoteur ! personne ne me fera quitter Champfleury ! — Et la substitution ! — Je m'en embarasse bien ! Et ignorez-vous le pouvoir du maréchal d'Ancre ? — Il ne peut rien contre les lois ! — Mais qu'importe ? il me faut de l'argent ! — Il ne vous en est pas dû ! et comme j'ai l'honneur de vous le dire, dans la position des choses, je ne puis pas même vous avancer cent pistoles ! — Vous êtes un insolent, que je ferai, quand je le voudrai, pourir en prison !.... — Je ne vous crains pas, madame ! — Vous verrez ! vous verrez ! — Ah ! madame ! Dieu veuille.....

Mais je me tais, et je me contente de prier le ciel que vous ne vous mêliez pas de quelqu'intrigue politique, qui mette votre liberté plus en danger que ne sera jamais la mienne !

— Sortez ! s'écria-t-elle en fureur ; car je craindrais de me manquer à moi-même en punissant de ma main un insolent tel que vous.

Le vieillard sortit en versant des larmes, non sur la manière insultante dont la baronne le traitait, mais sur le malheur de M. de Bonneville, d'avoir une aussi méchante femme. Dès qu'elle l'eût ainsi congédié, elle vint porter à M. de Bonneville ses plaintes contre Charles Husson, lui disant de chasser du château ce vieillard insolent. — Je n'en ai pas le droit ; c'est votre père qui l'a placé pour veiller à la conservation d'un bien, qui d'un moment à l'autre, peut ne plus vous appartenir!—Quoi! je n'entendrai de toutes parts que ce langage! mais je vous prouverai, si l'événement arrive, quel est mon crédit à la Cour : je pars sur-le-champ, et j'en reviendrai avec des ordres qui forceront bien M. de Merci à renoncer à la substitution! ou....... Elle prononça ce dernier mot avec un accent si terrible qu'Adolphe en fut effrayé, et s'écria : « Grand Dieu! n'y a-t-il donc rien de sacré pour vous! épouse, mère, et fille, en méconnaissez-vous tous les devoirs? — Que pouvez-vous trouver à redire à mes mœurs? elles sont irréprochables! —Je le sais : mais croyez-vous, madame, qu'il n'existe pour votre sexe que cette vertu, que votre beauté, je l'avoue, rend plus honorable; mais enfin, vous faites le malheur de votre père, vous êtes cause que votre fille est peut-être estropiée pour la vie, et moi ! comment avez-vous répondu à l'amour le plus passionné?... — Ce ne sont point des sermons que je suis venue chercher ici, mais de l'argent; et il m'en faut pour pouvoir retourner à Paris, où ma présence, me mande mon amie, devient chaque jour plus nécessaire; et vous me refusez ! est-ce donc là aimer? Elle était hors d'elle-même. — Calmez-vous? reprit l'époux qui ne demandait pas mieux que d'en être débarrassé; si votre retour à Paris est indispensable, nous ferons l'impossible pour vous procurer la somme qui vous est nécessaire pour l'effectuer: et ce mot la calma.

CHAPITRE XXXVII.

Peu de jours après, madame Duval revint avec l'infortunée Zélia : il avait fallu tous les soins de cette excellente femme pour que la pauvre petite soutînt la fatigue du voyage. Son père fut pénétré de douleurs, en la voyant si pâle, si maigre, et ne pouvant se soutenir sur les reins ; car elle les avait eus cassés, et si mal remis, qu'il n'y avait aucun doute qu'elle serait bossue et boiteuse. Sa mère la regardant, dit, elle mourra ! il est impossible qu'elle vive, et c'est ce qu'il faut espérer pour son bien ! M. de

Bonneville se tut : car que dire à une mère qui en abjure tous les sentimens ? Mais il était désolé, et se reprochait la faiblesse qu'il avait eue de ne pas avoir fait venir sa fille à Champfleury. Enfin, voyant que la baronne n'était nullement disposée à en avoir soin, il la confia entièrement à madame Duval, la gardant chez lui pour servir de gouvernante à Zélia, qu'il se sentait disposé à aimer tendrement, et à dédommager des disgrâces de la nature par ses soins et sa tendresse.

L'enfant s'attacha bientôt à lui, et ses caresses le consolaient de la mauvaise humeur habituelle de madame de Bonneville, qui était toujours à Champfleury. Son mari n'avait pu encore effectuer un emprunt qu'il cherchait à faire, sans en parler à son beau-père, pour mettre sa femme à même de partir; mais il ne fut plus possible de la retenir, lorsqu'on apprit que la comtesse était au moment d'accoucher, et que quatre heures après, on vint lui signifier, qu'elle avait mis au monde un fils, à qui appartenait le château de Champfleury, qui devait être évacué dans un mois, pour que M. le comte de Merci en fût mis en possession, comme tuteur de l'héritier du château et des dépendances.

Madame de Bonneville traita l'huissier, qui lui signifiait ce terrible arrêt, comme le dernier des hommes; et si la présence de son mari ne lui en eut pas imposé, elle eût fait le plus fâcheux éclat; mais dès qu'il fut parti, elle déclara qu'elle voulait se rendre sur-le-champ à la Cour. Adolphe, qui était convenu de tout avec son beau-père, pensant que jamais on ne viendrait autrement à bout de s'en débarasser, remit à Philiberte douze mille livres en or, qui était ce qui lui revenait des revenus de Champfleury jusqu'au jour de la naissance du fils de Rémonde. Elle se disposa aussitôt à partir avec l'espérance de faire annuller le testament de son oncle.

Son départ fut une joie pour tout le château. Elle ne daigna pas seulement embrasser sa pauvre petite; et sa froideur, avec son mari, fut si grande, que l'on n'aurait pu imaginer que c'était le même couple, si passionné l'un pour l'autre, il y avait peu d'années; enfin elle partit.

Alors, M. de Bonneville alla trouver son beau-père, et on convint qu'aussitôt que la comtesse pourrait aller à Champfleury, on ferait l'échange des seigneuries. On ne voulait pas y perdre de tems, pour qu'il fût effectué avant le retour de Philiberte, que l'on croyait prochain : en cela, on se trompait, car elle avait trop d'affaires à la Cour, où tout était encore agité par de nouvelles factions, et c'était pour la baronne et sa chère amie une occupation délicieuse.

M. de Merci apprit avec douleur que sa petite fille était estropiée. Il vint la voir, et lui fit les plus tendres caresses. Il faut convenir que la physionomie de cette enfant était très-agréable ; elle avait la régularité des traits de sa mère, avec l'expression de bonté et de sensibilité de son père ; le comte fit des vœux pour que l'on pût la guérir, et lui promit en tous cas une assez riche dot, pour qu'elle pût faire un bon mariage.

Madame de Merci fut bientôt rétablie, elle nourrissait son fils : et au bout d'un mois, elle vint prendre possession de Champfleury, où elle fut reçue avec une grande joie ; car on savait combien elle était bonne et généreuse. Madame de Clergi, qui avait éprouvé un grand plaisir de la naissance de son petit-fils, suivit son gendre et sa fille à Champfleury.

M. de Bonneville se revit avec une grande satisfaction dans une habitation que son père avait embellie : il y trouva les traces de sa pauvre Alix. Il vint prier sur sa tombe, et engagea mesdames de Lignac et de Blézaire à venir s'établir entièrement à Bonneville, avec Elyse, qui, déjà était un petit personnage fort interressant.

Ces dames auraient accepté avec plaisir cette proposition, mais elles avaient trop d'éloignement pour Philiberte. Elles ne purent donc consentir à vivre avec elle, et elles avaient trop de délicatesse pour demander au père d'Elyse d'éloigner de lui celle qui portait son nom. Elles se contentèrent donc de venir à Bonneville, mais gardèrent leur habitation à Vierzon, où il était convenu qu'elles se retireraient quand la baronne viendrait en Berry.

Elyse vit sa petite sœur avec un grand plaisir. Elle l'aidait à marcher avec un soin, une attention, qui prouvaient dans ce moment ce dont son cœur serait capable un jour.

Cependant, Philiberte cherchait tous les moyens de rentrer dans Champfleury, mais il n'y en avait aucuns; le testament était dans les formes les plus parfaites, et, désapointée sur le sujet de son voyage, elle ne pensa qu'à le rendre utile d'une autre manière, en s'insinuant de plus en plus dans l'affection de la Maréchale; et dans les bontés de la Reine : ce fut ce qui pensa causer sa perte.

CHAPITRE XXXVIII.

Le Maréchal d'Ancre avait porté l'insolence jusqu'à méconnaître l'énorme distance qui existait entre lui et les Princes du sang. Soutenu par la régente, il se crut au-dessus de toute atteinte ; et l'extrême faiblesse de la reine pour le Maréchal, lui donna et à sa femme, une confiance qui les perdit. Le Roi avait atteint sa majorité ; cependant les factions s'agitaient, et on craignait que la guerre civile n'embrâsât de nouveau la France. Le prince de Condé, irrité contre Concini, s'était mis à la tête du parti protestant, pour abattre ce colosse, dont les pieds étaient d'argile, mais le Maréchal était loin de toute crainte. Les fêtes du mariage du roi, qui épousa en 1615, Anne d'Autriche, détournèrent les esprits des dissensions politiques. La cour profita de ce calme, et fit avec les Huguenots, une paix simulée qui avait été signée à sainte Ménéhould, la même année que le roi avait atteint sa majorité : mais la faction était bien éloignée de vouloir lui laisser exercer la puissance, que le maréchal voulait garder, sous le nom de la reine-mère. Les choses subsistèrent, néanmoins ; ainsi jusqu'en 1615, et pendant le tems que madame de Bonneville fut à la Cour, elle vit que tous les cœurs se tournaient vers la jeune reine ; et sa Cour se grossissait de ceux qui abandonnaient le cercle de la reine-mère.

Cependant, madame de Quaylus ne s'éloigna pas de Marie de Médicis : elle resta ainsi que sa nièce, dans le parti du maréchal d'Ancre et de la reine-mère. A peine les fêtes de l'hymen furent-elles passées que la haine des partis s'envenima de nouveau. On porta les choses au point d'attenter à la liberté du prince de Condé, quoiqu'on eût signé peu avant la paix. Le peuple qui, en général, prend parti pour les opprimés, accusa le maréchal d'être cause du malheur des princes, et résolut de les délivrer ainsi que la nation de la tyrannie de Concini. Quelques hommes, plus audacieux que les autres, s'offrirent pour porter aux pieds du trône, les griefs des Français contre Concini et sa femme. La reine-mère, dont, comme je l'ai dit, le crédit diminuait n'en fût pas instruite à tems, et ne put pas empêcher l'effet que devait produire cette démarche sur l'esprit du jeune roi, qui naturellement défiant et despote, s'indignait depuis quelque tems, qu'un étranger d'une basse extraction, et n'ayant rien fait pour la faire oublier, fût à la tête des affaires, et affichât un luxe plus somptueux que celui des têtes couronnées. D'ailleurs, il était mécontent de la Galigaï qui se permit un jour de faire dire au roi, dont l'appartement était au-dessus du sien, de faire moins de bruit, parce qu'elle avait la migraine ; ce à quoi le roi répondit : « *Si la chambre qu'elle occupe au Louvre lui paraît trop exposée au bruit, elle peut en pren-*

dre une autre ; la ville est grande. »
Les courtisans ayant entendu cette réponse, ne doutèrent pas que la perte de ces étrangers ne fut résolue: en effet, en 1617, le roi donna ordre à Vitri, officier de ses gardes, d'arrêter le maréchal ; il se mit en devoir de l'exécuter ; mais celui-ci n'ayant pas voulu se rendre, Vitri qui n'avait ordre que de le faire prisonnier, lui tira un coup de pistolet à bout portant, et le tua. On enterra aussitôt le maréchal sans aucune cérémonie ; mais le peuple l'arracha de son tombeau, et exerça sur ses restes tous les outrages qu'une populace mutinée se permet, lorsque les autorités ne font rien pour s'y opposer. On arrêta au même instant la maréchale, chez qui madame de Bonneville et de Sériol se trouvaient.

Ces dames n'eurent que le tems de gagner un escalier pris dans l'épaisseur des murs, qui ordinairement était éclairé par une lampe ; mais, soit que l'on eût oublié de l'allumer, ou qu'on l'eût éteinte pour rendre ce passage plus difficile, madame de Sériol, qui sortit la première, ne voyant pas où l'escalier commençait, manqua la première marche, roula jusqu'en bas, vint se frapper la tête contre le battant de la porte qui était ouverte, et se fendit le crâne. La douleur du coup, celle qu'elle ressentait à une jambe qu'elle s'était cassée en tombant, ne lui permirent pas de se relever. Philiberte qui l'entendit rouler les degrés, et faire un cri, lorsqu'elle fut en bas, hésitait à descendre, craignant le même sort que son amie ; mais poussée par d'autres personnes qui fuyaient, elle descendit ces mêmes degrés, plus heureuse que madame de Sériol ; elle ne manqua pas une seule marche. Arrivée au bas de l'escalier, et toujours poussée par ceux qui la suivaient, elle marcha sur le corps de son amie, qui existait encore. Madame de Sériol lui dit : » Ah! Philiberte, est-ce vous qui terminez ainsi ma vie ! et elle s'écria : J'étouffe ! je me meurs ! Elle éleva les bras pour l'attirer vers elle, mais la baronne enlevée par la foule, ne put, ou ne voulut pas s'arrêter. Tout ce qui descendit ce fatal escalier, et le nombre était considérable, passa sur le corps de cette malheureuse femme, que l'on trouva le lendemain morte et défigurée, au point que l'on eût peine à la reconnaître.

Madame de Bonneville, troublée au dernier point de cette horrible scène, ne pensa qu'à fuir Paris, et craignant un pareil sort abandonna les restes de celle qui avait été son amie, à la fureur du peuple, sans s'occuper si elle existait ou non.

Elle ne mit pas plus d'intérêt au sort de sa parente, madame de Quaylus, qui au moment de l'émeute, était chez la reine.

Cette princesse l'emmena avec elle, sans qu'elle pût faire dire à Philiberte de venir la trouver.

Philiberte rentra chez elle, prit ses diamans, ses bijoux et le peu d'or qui lui restait, et partit aussitôt pour Bonneville.

CHAPITRE XXXIX.

Le retour de Philiberte était toujours une calamité pour sa famille, et surtout pour mesdemoiselles de Bonneville. Dans ce moment, n'ayant encore rien su de ce qui s'était passé à Paris, on ne prévoyait pas l'arrivée de la baronne, et une paix profonde régnait autour des deux familles. Depuis deux ans les enfans vivaient auprès de leur père, ayant une part égale à son affection et à celle de madame de Lignac, que la pauvre petite Zélia appelait aussi sa bonne maman, leur affection mutuelle s'était accrue de jour en jour, les soins d'Elyse pour sa sœur étaient si touchans, que le baron s'attendrissait jusqu'aux larmes, en voyant sa fille aînée soutenir la marche incertaine de sa sœur, écartant de son chemin tout ce qui pouvait la faire tomber; aussi Zélia aimait-elle Elyse avec une tendresse si vive, qu'il n'y avait aucun doute, que si on les séparait, il y avait tout à craindre pour la santé de la sœur cadette. Déjà Elyse lui apprenait à lire et à faire de la tapisserie; elle lui apprenait par cœur les quatrains de Pybrac, qu'elle savait presque tous. Les soins physiques de madame Duval pour son élève, avaient, autant qu'il était possible, détruit les funestes effets d'une mauvaise nourriture; mais elle n'avait pu lui rendre la force des reins, qu'elle avait perdue pour jamais, ce qui ne pouvait laisser à son père l'espoir de la marier : du reste, comme nous l'avons dit, elle avait une tête charmante, beaucoup d'esprit, et un cœur excellent ; enfin, toute infirme qu'elle était, elle eût pu espérer des jours heureux, si elle n'eût pas eu de mère. Ah! ce mot seul est la plus terrible satire contre Philiberte.

On n'avait pas été averti de son retour : la famille était réunie dans le salon de Bonneville. Le comte, sa femme, qui tenait son fils sur ses genoux, madame de Clergy, qui, quoiqu'elle fût privée de la lumière, avait encore beaucoup de jouissances au milieu de sa famille ; mesdames de Lignac et de Blézaire avaient près d'elles les deux filles d'Adolphe. M. de Bonneville et le comte, charmés de ce groupe qui réunissait tant de vertus et d'innocence, jetaient de tems à autre, sur ces précieux amis, des regards satisfaits, qui détournaient leur attention d'un rapport que Charles Husson leur faisait sur les dépenses indispensables pour un hospice qu'ils avaient fondé, dans un bâtiment placé sur les limites de leurs deux seigneuries, et qui était destiné à recevoir les malades de Bonneville et de Champfleury; enfin, cet instant réunissait, pour les cœurs de ces hommes vertueux, tout ce qui pouvait les intéresser, quand ils virent une femme descendre d'une litière.

Le baron s'écrie : « C'est madame de Bonneville! » A l'instant même, ces dames emmènent les enfans. Le comte entraîne Husson et ses registres, madame Duval donne le bras à madame de Clergy ; dans un moment, le salon qui réunissait les deux familles, se trouva désert ; car le baron ne put se dispenser d'aller au-devant de sa femme. Il la trouva si changée, et sa toilette dans un tel désordre (car elle ne s'était pas donné le tems de changer), qu'il comprit aussitôt que quelque grand malheur lui était arrivé. « Eh bien ! monsieur, vous ne savez donc rien ? — Non ! — Quel pays, pour être comme au fond des déserts de l'Arabie ! Vous ne savez pas que M. de Luynes a fait assassiner le maréchal d'Ancre ; que Galigaï est arrêtée ; que Paris est livré aux plus horribles convulsions politiques ; du reste, je ne sais ce que fait la reine, ni ma tante : on ne pouvait entrer dans ses appartemens ; on assurait que cette princesse allait partir pour Blois, où son fils l'exilait ; que madame de Quaylus la suivait. La pauvre madame de Sériol est morte, à ce que je le crois. » Elle raconta à son mari les détails de cette horrible aventure, comme si elle eût parlé d'une anecdote arrivée dans le dixième siècle.

Tout irrité qu'Adolphe dût être contre Zéphirine, il ne put apprendre de quelle mort elle avait été frappée, sans éprouver un sentiment de pitié pour cette femme qui, si elle eût été unie à un plus honnête homme, eût peut-être mérité l'estime de ses concitoyens. Quant au maréchal, il ne le plaignit pas ; et si sa mort et la mise en jugement de la Galigaï n'eussent pas ramené Philiberté à Bonneville, il aurait regardé leur châtiment comme un bienfait de la justice céleste. » Il offrit à la baronne de se rafraîchir ; elle refusa. « Mais, dites-moi, reprit-elle, j'avais aperçu par une croisée du salon, qui était ouverte, beaucoup de personnes avec vous ! que sont-elles devenues ? Est-ce leur haine pour moi, qui les fait fuir, ou celle qu'elles méritent que j'aie pour elles ? — Sans haïr, madame, il est possible qu'il existe des raisons pour ne pas voir quelqu'un que l'on croit peu disposé à nous rendre justice. — Ah ! j'entends, c'était la famille Lignac : mais j'ai cru voir mon père ; ils étaient donc tous réunis ? Ah ! il n'est pas étonnant qu'ils s'éloignent de ma vue ; ils ont à redouter mes sanglans reproches, mais ils ne m'échapperont pas, il faut bien que M. de Merci me rende compte de ce qu'il avait fait des revenus de Champfleury, jusqu'à l'instant où il m'en a mise en possession; et n'ayant pu parvenir à faire casser la substitution, dont l'enfant de la comtesse s'empare, il faut bien qu'il me paie ce qu'il me doit; ce qui le forcera à vendre ce comté, dont il est si fier; et dès demain, je le lui ferai signifier. — Vous pourriez bien encore, madame, échouer dans ce projet; car, suivant toute apparence, le contrat de mariage est quittancé. — Si vous avez fait cette sottise, je n'ai rien à espérer de Champfleury; je mets le feu ici, et je m'ensevelis avec vous, vos filles, votre vieille mère, sa sœur, sous les ruines de ce vieux castel; ainsi, voyez ce que vous voulez. Il me faut de l'argent pour me rendre dans le midi de la France : là, je retrouverai des amis ; mais, je vous le répète, il me faut de l'argent ! — C'est la seule chose qui vous occupe ! voilà près de trois ans que vous êtes séparée de moi, n'avez-vous rien à me dire ? Votre cœur ne vous rappelle-t-il aucune autre pensée ? Tous les sentimens de la nature sont-ils éteints dans votre âme ? — Non, car je ne puis voir sans une douleur extrême que votre fille aînée, puisqu'il est convenu qu'elle l'est, a toute la succession de son cousin, ce château et toutes les terres nobles qui en dépendent, et que Zélia, boîteuse, infirme, n'aura d'autre parti à prendre que de se faire religieuse, car il ne lui reste rien. — A qui la faute ? reprit Adolphe. — A vous, qui ne m'avez pas secondé dams le seul moyen qu'il y eût d'empêcher M. de Merci de se remarier. — Vous devriez rougir de honte, d'avoir eu un instant cet infâme projet ; et il n'y a aucun doute, que c'est ce qui a causé votre ruine. »

Cette discussion dégénéra en une querelle si violente, que M. de Bonneville, qui ne pouvait se promettre de ne pas se laisser emporter par le ressentiment que les propos insultans de Philiberte provoquaient sans cesse, sortit précipitamment, et alla rejoindre ses amis qui s'étaient réfugiés dans le pavillon de la Chapelle, commé s'ils eussent pensé que là ils seraient en sûreté, se trouvant protégés par la présence de Dieu, qui réside plus particulièrement dans les lieux consacrés à son culte. — Eh bien ! que dit-elle ? que veut-elle ? est-elle ici pour long-tems ? disaient à la fois M. et madame de Merci, mesdames de Lignac, de Blézaire, et même Charles Husson. — Je ne sais pas ses projets. Elle vient, dit-elle, pour vous forcer, mon père (car il donnait toujours ce nom au comte), à lui payer des sommes considérables, qu'elle prétend lui être dues sur les revenus de Champfleury. — Tout a été compté. Elle a dépensé, dans les deux ans qu'elle a habité cette terre, avant son mariage, au-delà de ce qui lui revenait ; elle a dévoré les économies qu'avait faites le loyal Charles Husson, et ses comptes sont parfaitement établis et quittancés par le contrat de mariage. — C'est ce que je lui ai dit ; mais son génie infernal ne sait qu'inventer pour m'irriter contre elle. —Je le sais ; aussi, je vous quitte à regret, mais je ne veux pas la voir : j'ai dit que l'on préparât tout pour le départ. »

Madame de Lignac l'approuva, d'autant plus que son projet était le même. « Ainsi, dit tristement le pauvre Adolphe, je vais donc rester seul avec cette femme, dont ma malheureuse étoile m'a rendu l'époux ! — Vous garderez Zélia. — Ce sera un nouveau sujet de dissention, car sûrement elle la rendra malheureuse, et la bonne madame Duval encore plus. — Il est impossible de vivre avec elle ; je n'ai jamais connu que madame de Sériol, qui sût gouverner ce caractère intraitable. Si c'eût été une femme délicate, elle eût pu faire de ma fille une personne intéressante ; mais Zéphirine n'était occupée que d'intérêts politiques; ils l'ont perdue, et ils perdront Philiberte : cependant, celle-ci lui avait des obligations; et dans son système, elle devrait regarder sa mort comme une grande perte. — Eh bien! elle ne la sent pas, et n'est pas plus amie sensible, que mère tendre et épouse soumise. Plaignez-moi; mais surtout, laissez-moi la liberté, mes amies, en s'adressant à mesdames de Lignac et de Blézaire, d'aller vous rejoindre, quand je ne pourrai plus résister à la mauvaise humeur de Philiberte. — Dès demain, si vous le voulez, vous êtes sûr d'être bien reçu. »

Tout étant prêt pour le départ, chacun s'empressa de quitter Bonneville, et de s'éloigner d'un séjour où allaient habiter la discorde et la haine. On eut seulement beaucoup de peine à séparer les deux sœurs, qui se tenaient tendrement embrassées, et semblaient pressentir avant l'âge les chagrins que la méchante belle-mère d'Elyse préparait à l'une et à l'autre; mais on leur promit qu'elles se reverraient bientôt. Enfin, madame Duval emmena la fille de Philiberte, et madame de Lignac sa petite-fille, non sans embrasser l'une et l'autre leur petit ami, qu'elles aimaient de tout leur cœur, n'ayant nulle idée du tort que celui-ci leur faisait par sa naissance. La comtesse assura ces dames qu'elle irait les voir le plus tôt possible, et engagea le baron à la patience.

CHAPITRE XL.

Monsieur de Bonneville se retira dans son cabinet, madame Duval dans l'appartement que le baron avait fait arranger pour elle et Zélia, et on laissa madame de Bonneville exhaler seule sa mauvaise humeur. L'heure du souper réunit le mari et la femme: on servit; ils s'assirent à une assez grande table, où il n'y avait que deux couverts en face l'un de l'autre. Tout le tems du repas, ils ne proférèrent pas une parole, chacun se servit des plats qui se trouvaient devant lui, pour n'en point offrir ni en demander; et après dix minutes, ils se levèrent en même tems, sans même se dire bonsoir. Ils se retirèrent chacun dans leur appartement, qui étaient aux deux extrémités du château. Voilà, dit en lui-même le baron, une société bien gaie: c'était bien la peine de me remarier. Ah! Alix! Alix! vous êtes bien vengée!

Je n'entrerai pas dans le triste détail des tracasseries conjugales, dont madame Philiberte fatiguait sans cesse son mari. J'ai toujours redouté d'avoir la moindre relation avec un mauvais ménage, et il me paraîtrait, si je traçais exactement le tableau de celui de M. et madame de Bonneville, que je serais transportée dans leur château, et que je partagerais l'ennui qu'ont éprouvé ceux qui furent admis dans leur intérieur; et il me semblerait entendre la voix aigre de la baronne, voir ses yeux étincelans de colère à la moindre contradiction, et me trouver tout ému en apercevant les larmes de Zélia, à qui des souffrances habituelles eussent dû mériter les soins et la tendresse d'une mère qui en était la première cause.

Non! non! fuyons ce triste séjour, passons avec M. de Bonneville dans l'île de la Pêcherie, d'où peut-être nous irons visiter un joli château que l'on aperçoit sur l'autre rive du Cher, au bout d'une avenue de mûriers, arbres précieux à qui la France a dû une partie de sa prospérité commerciale, et qui fut une conquête sur l'Italie, plus solide que celles, qui après nous avoir coûté beaucoup d'hommes et d'argent, ont toujours été rendues par les traités!

On commençait à sentir l'importance de cultiver ces arbres en France, et l'avenue du château de Blancfort fut une des premières plantées dans les provinces du milieu de la France. Elle devait servir, ainsi que beaucoup d'autres, à élever ces insectes travailleurs, dont la soie alimenta long-tems les métiers de la capitale de la Touraine qui, dans le commencement du dernier siècle, rivalisait avec Lyon.

Un soir, M. de Bonneville fatigué d'une journée de troubles et de chagrins divers, descendit ces degrés, dont nous avons parlé dans les premiers chapitres de ces mémoires, degrés qui conduisaient au bord de la rivière : il en suivit le cours. On se rappelle l'île où M. de Bonneville sauva la vie à madame de Sériol ; il y avait établi une pêcherie, et son pêcheur l'habitait avec sa famille. Il résolut donc d'y demeurer pendant quelques jours : c'était à l'instant où le saumon remonte les rivières, et il voulait s'assurer si cet homme, que la baronne accusait toujours d'infidélité, était aussi fripon qu'elle le disait. D'ailleurs, cette île lui rappellait des souvenirs qui, tout mêlés qu'ils étaient de vifs regrets, lui paraissaient encore préférables à se livrer aux réflexions que le présent lui offrait. Lorsqu'il fut vis-à-vis de l'île, il appella le maître pêcheur, et lui fit signe de venir le chercher dans la nacelle: Pierre ne tarda pas à exécuter les ordres de son maître, et M. de Bonneville ayant monté ce léger esquif, arriva à la pêcherie, où il vit que tout était préparé pour la pêche du lendemain. La femme de Pierre lui fit voir le saumon destiné à être salé, d'autres à être fumés, il trouva partout de l'ordre, de la propreté, de l'activité, et dit comme Louis XIV, en parlant d'un de ses généraux qu'on accusait de concussion : *Je ne sais s'il fait ses affaires, mais je sais qu'il fait bien les miennes.* En effet, toute cette famille annonçait le bonheur et l'aisance, et cependant la pêche faisait, depuis qu'ils étaient à la tête de cet établissement, une partie assez considérable des revenus de Bonneville; mais Philiberte ne pouvait voir sans envie des êtres heureux; elle tourmentait sans cesse le pauvre Pierre, et aurait voulu que le baron le renvoyât; mais elle n'avait plus assez d'empire sur lui pour lui faire commettre des injustices, et il trouvait même une sorte de plaisir à dédommager ces bonnes gens des duretés que la baronne leur disait, en venant passer quelques jours dans le pavillon de l'île. Il défendit à Pierre de dire qu'il y était, dans la crainte qu'on ne vint l'y trouver.

« Si je pouvais, disait-il, être ignoré du monde entier, que je m'estimerais heureux ! mais non, j'ai des devoirs importans à remplir. Mon Elyse vient d'atteindre sa quatorzième année, il faut que je pense à lui choisir un époux qui la rende heureuse, et serve d'appui, de soutien à ma Zélia, qui ne pourra prétendre au même bonheur que sa sœur. Que ne puis-je la soustraire à la tyranie de sa mère ? mais au moins je ne souffrirai pas qu'elle l'ensevelisse vivante dans un cloître ! Pauvre Zélia ! si douce, si

sensible, si soumise aux fantaisies de sa mère! Quand je pense au sort qui l'attend si je venais à mourir, j'éprouve une douleur mortelle. Mais quoi! je suis venu ici pour me distraire de mes chagrins, et ils ont passé avec moi dans la barque qui m'y a amené.»
Et s'efforçant lui-même à se distraire, il vint au bord de l'eau pour voir tendre les filets.

J'ai parlé d'une avenue de mûriers, qui conduisait à un petit château moderne, mais je n'ai pas dit qu'il était habité par une famille qui avait quitté les environs de Chambéry, pour s'occuper uniquement en France de l'éducation des vers à soie. Ils n'avaient fait aucune visite dans le voisinage, et comme il n'arrive que trop souvent à ceux qui négligent de se conformer aux usages de la société, on leur supposa des raisons défavorables pour ne point chercher à se lier avec leurs voisins : de là vinrent tous les contes absurdes que l'on pût imaginer ; les uns disaient qu'ils étaient protestans, d'autres que c'étaient d'anciens Albigeois qui avaient passé les Alpes, pour se retirer dans la Savoie, dont ils avaient été chassés, et qui avaient obtenu, on ne sait comment, des concessions de domaine de la couronne pour y faire des plantations de mûriers. On les avait vu abattre un vieux fort, et avec les matériaux bâtir un manoir qui rappellait les agréables constructions italiennes. Ils n'avaient point planté à grands frais un parc, et l'avaient encore moins entouré de murs ; toutes leurs propriétés, car on sait que les seigneurs engagistes étaient réellement propriétaires en payant exactement la redevance ; toutes leurs propriétés, dis-je, étaient cultivées avec le plus grand soin, et il n'y avait pas une perche de terrain qui ne fût utilisée. On appelait le chef de cette famille, M. de Blancfort; car ces Piémontais avaient pris le nom de leur seigneurie, et on ignorait celui qu'ils portaient dans leur patrie ; c'était encore un sujet de plus d'en dire du mal. Nous verrons plus tard si c'était avec justice.

M. de Bonneville, tout en regardant Pierre et ses fils tendre les filets, demandait au père : « Vas tu quelquefois au château de Blancfort porter du poisson ? — Tous les vendredis ! — Est-ce qu'ils font maigre ? — Je ne sais pas ; ce qu'il y a de certain, c'est qu'il leur faut toujours du poisson pour ce jour-là. — Et dis-moi : quel homme est-ce que ce monsieur de Blancfort?—C'est un homme comme un autre, quoiqu'on en fasse bien des propos dans les châteaux voisins! — Mais enfin! — Eh bien! monseigneur, c'est un petit homme très-brun, les yeux vifs, de belles dents, l'air gai et fort avisé; du reste, de facile abord pour les pauvres gens, généreux, ne marchandant pas, (révérence parlée, comme madame la baronne); mais ce qui est beau à ravir, c'est son fils aîné! Ah! monsieur, je n'ai jamais vu de si gentil jeune homme : il est bien plus grand que son père, quoiqu'il n'ait pas encore dix-huit ans; il est fait à peindre; des traits, comme sûrement sont ceux des anges dans le Ciel, de beaux cheveux bruns qui tombent en boucles sur ses épaules; et puis il est si gracieux! Tenez, m'est avis, monseigneur, que cela ferait un couple parfait, s'il épousait mademoiselle de Bonneville. C'est dommage qu'on ne sache pas d'où ce que cela vient, et que cela n'ait d'autre nom que celui qu'ils ont pris de ce fort qu'ils ont abattu, pour bâtir leur petit château. Vous savez qu'on le nommait le Fort-blanc, parce qu'il avait été bâti avec une roche blanche. Eh bien! ils ont retourné ce nom, et les voilà sirs de Blancfort. Ils ne vont point à la ville, ni dans les villages voisins; ils ont une chapelle, un aumônier; mais tout cela est sûrement hérétique! — Même la chapelle! — Ah! monseigneur entend bien ce que je veux dire! des pierres ne sont point huguenotes, mais c'est-à-dire que c'est-là où ils célèbrent leur culte. M. le curé nous défend bien d'y aller à la messe. Enfin, monseigneur, si vous vouliez que je vous dise ce que j'en pense, je crois que c'est quelque grand criminel qui est venu se cacher dans ce canton. — Eh! mais il me semble qu'il ne se cache pas du tout. M. de Blancfort n'a pas fait entourer son parc de murs; les pauvres gens sont accueillis chez lui, il les fait travailler; il paie, dis-tu, généreusement leurs peines! — Je n'ai jamais entendu dire qu'il ait fait aucun tort à ses voisins; il ne chasse point sur leurs propriétés, il respecte ma pêche et achète mon poisson. — Je ne vois pas ce qu'on lui reproche, cependant je n'en ai pas plus d'envie, que ma fille épouse son fils. »

Cette conversation eût l'effet le plus heureux pour Adolphe; elle détourna toutes ses tristes idées. Il ne pensa tout le reste de la soirée qu'au fils de M. de Blancfort, si beau, si aimable jeune homme, qu'on le comparait à son Elyse qui, il faut en convenir, était fort jolie, et d'un caractère intéressant. Il disait : C'est dommage qu'un voile mystérieux cache la véritable existence de cette famille ; car l'âge serait bien proportionné. Il ajoutait, si j'allais comme par hasard chez M. de Blancfort, il ne me fermerait peut-être pas sa porte ? Oui! mais il reviendrait chez moi, et alors la baronne voudrait savoir qui il est ; d'ailleurs, elle en a entendu parler peu avantageusement, et ce serait assez pour qu'elle le reçût avec une extrême hauteur, qui pourrait avoir des suites fâcheuses. Renonçons à cette fantaisie! Qu'ai-je besoin de chercher d'autres voisins? Hélas! je ne puis pas cultiver la société de ceux qui, de tout tems, ont été les amis de ma famille ! Mais tout en disant cela, il avait assez de curiosité de connaître ces Piémontais, qui avaient un intérieur si paisible, cependant il y avait à présumer qu'ils s'étaient vus forcés, par quelque grande catastrophe à quitter leur pays.

M. de Bonneville vit prendre des saumons aux flambeaux, et s'assura que cette pêche continuait, malgré ce qu'en pouvait dire madame de Bonneville, à être très-abondante. La femme de Pierre lui mit un saumon sur le gris; il en mangea avec plaisir, et alla se coucher, éprouvant un sentiment de satisfaction intérieure, dont il se demandait la cause, sans pouvoir la deviner. Son sommeil fut paisible, et sa première pensée fut qu'Elyse, unie à un homme jeune et beau, comme Amédée de Blancfort, lui donnerait de bien jolis petits enfans, et que sa fille se plairait dans une habitation comme celle de la mystérieuse famille, elle qui aimait la campagne et tous les détails qui la rendent agréable. Mais Elyse ne manquera pas de mari; elle est belle, bien élevée, du plus heureux caractère, elle a de la fortune. Hélas! ce n'est pas comme ma pauvre Zélia! Et il soupira.

CHAPITRE XLI.

Il se promena pendant quelque tems dans l'île, puis il pensa qu'il pourrait procurer à Elyse et à Zélia le plaisir de passer une journée ensemble. Il fit donc dire à madame Duval de venir promener avec son élève au bord de l'eau, et Pierre s'y trouvant avec son bateau, il les amena dans l'île, tandis que M. de Bonneville alla à Vierzon, dans une barque à voiles, chercher sa chère Elyse, promettant bien à sa grand'mère de la lui ramener le soir. Cette journée fut délicieuse pour ces aimables jeunes personnes, qui firent promettre à leur père de leur en procurer encore une ou deux pareilles.

Depuis environ cinq ans que madame de Bonneville était de retour du Berri, les deux sœurs avaient bien rarement la permission de se voir, et cependant leurs cœurs les attiraient sans cesse l'une vers l'autre ; aussi leur père saisissait-il toutes les occasions de les réunir. Souvent il prenait le prétexte, pour mener Zélia à Vierzon, de lui faire faire quelques emplettes à son goût ; et comme madame de Bonneville ne pouvait souffrir qu'on la vît avec elle, à cause de son infirmité, il fallait bien qu'elle voulût que cette enfant allât avec son père et sa gouvernante ; alors elle couchait chez madame de Lignac, et c'était une grande fête pour les deux sœurs. Quelquefois aussi M. de Bonneville conduisait Zélia à Champfleury, et madame de Lignac s'y rendait de son côté avec Elyse. Le comte et la comtesse les comblaient d'amitié; leur fils, qui jouissait de la meilleure santé et était un petit personnage, amusait beaucoup ses jolies nièces, car il se croyait aussi oncle d'Elyse, puisqu'elle était sœur de sa nièce Zélia. Lorsque M. de Bonneville voyait les objets de ses plus chères affections réunis, il passait des journées qu'il appelait jours d'amour et de paix. C'était dans cette intention qu'il s'était donné quelques jours de repos en venant à la pêcherie, où nous avons dit qu'il fit venir ses deux filles. Son absence avait à peine été aperçue par Philiberte; mais elle avait inquiété Zélia, madame Duval, son mari; ils furent très-contens quand ils surent que M. de Bonneville était dans l'île, et qu'il demandait sa fille, qui, comme on sait, s'y rendit, et fut bien agréablement surprise en y voyant arriver sa sœur Elyse. La journée s'était passée en amusemens; mais quand il fallut retourner auprès de sa mère, Zélia se mit à pleurer, et supplia son père, s'il devait faire de fréquentes absences, de la mettre au couvent avec madame Duval. Le baron l'engagea à prendre encore patience, et lui promit de ne pas rester plus de deux jours éloigné d'elle; qu'il ne voulait point qu'elle se retirât dans un cloître, parce que cela fournirait à sa mère des moyens pour l'y faire rester toute sa vie, ce qui contrarierait entièrement ses projets, compatant sur ses soins lorsqu'il atteindrait la vieillesse, décidé alors à se retirer à Vierzon. Quoique Zélia n'eut alors que dix ans, elle avait une raison au-dessus de son âge, qui lui fit comprendre parfaitement qu'il était de son devoir de souffrir quelques années pour attendre celles qu'elle pourrait consacrer à son père, sans que sa mère s'y opposât ; et cependant il y en avait encore beaucoup à compter, car alors on n'était majeur qu'à vingt-cinq ans. N'importe ! elle se dévoue, jure à son père qu'elle souffrira tous les chagrins que sa mère pourra lui causer, et qu'elle ne quitterait jamais Bonneville tant que le baron l'habiterait ; mais elle le priait d'y être le plus souvent qu'il pourrait : Adolphe l'en assura de nouveau. Les deux sœurs s'embrassèrent avec la plus vive tendresse, et chacun regagna son habitation, avec l'extrême différence qu'Elyse trouva le plus tendre accueil à Vierzon, tandis que la pauvre Zélia eut à supporter un torrent d'injures de la part de sa mère, sur ce qu'elle avait été absente tout un jour, et il fallut bien qu'elle avouât que c'était avec son père et sa sœur qu'elle l'avait passé. « Et dans quel endroit ? — A la pêcherie. — Avec son cher Pierre, le plus grand fripon ! » Et la baronne recommença tout ce qu'elle avait dit et redit cent fois contre cette honnête famille. Après maints propos plus durs les uns que les autres, et auxquels Zélia ne répondait que par ses larmes, elle finit par l'envoyer dans sa chambre pour huit jours, afin de lui apprendre qu'une fille ne doit pas quitter sa mère sans sa permission. Cette punition ne l'affligea pas beaucoup : la pauvre enfant préférait bien être enfermée entre quatre murailles, à s'entendre gronder tout le jour ; d'ailleurs, elle pensait que son père reviendrait avant ce tems, et lèverait ses injustes arrêts.

Tandis que la pauvre Zélia déplorait son sort avec sa sensible gouvernante, M. de Bonneville pensait à ses mystérieux voisins, et avait pris la résolution d'aller les voir, pour juger par lui-même si les propos que l'on tenait sur eux, avaient la moindre vraisemblance.

Quand il fut revenu de Vierzon, où il avait été lui-même reconduire sa fille, il soupa, et se coucha de bonne heure, voulant le lendemain matin, dès le lever du soleil, sortir de l'île pour chasser dans la plaine qui se trouvait entre le Cher et la seigneurie de Blancfort. Pierre était déjà sur le bord de la rivière ; il lui dit de faire amener la barque qui se trouvait à l'autre rivage : ce qui fut exécuté. Il passa à terre, suivi seulement de Médor, son chien fidèle ; il avait pris à la pêcherie un fusil, de la poudre et du plomb, enfin tout ce qui annonçait des projets hostiles contre les paisibles habitans des guérets, quoique dans le fond il ne s'en embarrassait guères.

D'autres soins l'occupaient : connaître le bel et aimable Amédée, était le but qu'il se proposait dans sa promenade ; il désirait savoir si ce jeune homme était aussi digne d'Elyse que Pierre le disait, et il se sentait entraîné vers lui par une force irrésistible.

Ayant parcouru la plaine sans faire attention aux beaux arrêts que formait Médor, et n'ayant pas tiré un seul coup, au grand mécontentement de ce bon animal, il se trouva à l'entrée de l'avenue de Blancfort ; alors il rappela son chien, le tint en laisse, et mit son fusil sous son bras. Dans cette attitude paisible, il arrive à la grille qui fermait la cour du château ; le chien de garde n'étant pas encore attaché, vint en aboyant, comme pour se battre avec Médor, qui paraissait disposé à lui tenir tête ; mais le concierge qui vint aussitôt, mit les parties d'accord en faisant rentrer Dragon dans sa niche, où il l'enferma ; ensuite il ouvrit la grille, et demanda à Adolphe ce qu'il désirait.

« Je me suis égaré, répondit-il, en chassant sur les terres de Bonneville;

je n'ai trouvé aucune habitation dans la plaine pour m'y arrêter, et demander à manger. Je meurs de faim et de soif, car je suis parti au point du jour ; j'ai pensé que le maître de ce joli château ne me refuserait pas un déjeûner, que je lui rendrais avec bien du plaisir à Bonneville. — Entrez, monsieur, dit Bertrand (c'est ainsi que s'appelait cet homme); M. de Blancfort sera enchanté de vous recevoir. Il est allé au hameau qu'il fait bâtir sur le revers de cette colline que vous voyez là-bas ; mais je vais envoyer mon fils lui dire, monsieur, que vous êtes ici, et il ne tardera pas à venir. En attendant, si vous voulez passer dans la salle à manger, j'aurai l'honneur de servir à M. le baron, que je n'avais pas remis d'abord, ce qu'il souhaitera,

— Vous me connaissez, mon cher ? — Oui, monsieur ; je suis fils de Bertrand, qui a servi feu votre père. — Ah ! oui, je me rappelle ! il m'a quitté lorsque j'ai épousé mademoiselle de Merci ? — Oui, monsieur. — — Et qu'est-il devenu ? — Il est mort peu de tems après ; il n'avait pu se consoler de la mort de madame Alix, et puis d'avoir quitté votre service. — Ainsi, c'est encore moi qui suis cause de la perte de ce fidèle serviteur ! — Je ne dis pas cela, M. le baron ; on meurt quand l'heure est venue ; enfin, nous l'avons perdu, et ma mère et moi, nous avons été recueillis par M. de Blancfort, lors de son arrivée dans ce pays. Après avoir eu le malheur de quitter Bonneville, nous ne pouvions être mieux que nous ne le sommes chez ce digne seigneur. Ah! monsieur le baron, je suis bien aise que le hasard vous ait amené ici! Mon maître ne fait jamais une première visite ; cependant il accueille avec plaisir ceux qui viennent le trouver ; sa maxime est de ne chercher ni ne fuir les humains : madame est de même. En vérité ! monsieur, c'est une famille digne de vous, et dont tous les membres vous égalent en bonté ! Madame est encore belle, très aimable, et M. Amédée est le jeune homme le plus parfait que j'aie jamais vu, si cependant j'en excepte M. Adolphe, à son âge. — Mon cher ami, tout ce que vous me dites-là me fait un sensible plaisir, même les louanges que vous me donnez, parce que je suis sûr que, tout exagérées qu'elles sont, c'est l'expression franche de l'opinion que votre digne père vous avait donnée de moi ; je suis réellement touché de sa mort. Je verrai avec plaisir la bonne Elisabeth, qui a soigné mon enfance; elle n'est pas jeune. — Elle a soixante-dix ans, mais elle est encore forte et active ; elle vous verra, monsieur le baron, avec un grand plaisir. A propos, j'oublie que vous avez faim... » Et il ouvrit un buffet, plaça sur la table un pâté, du beurre frais, du pain, et se hâta d'aller à la cave chercher du vin.

Le baron n'avait pas une faim aussi grande qu'il l'avait dit ; cependant, pour soutenir ce qu'il avait avancé, il se mit à manger en vrai chasseur, et but avec plaisir le vin frais que Bertrand lui apporta. Il avait à peine mangé une bouchée et bu un verre de vin, que sûrement

Bertrand avait pris au meilleur endroit, qu'il vit entrer M. de Blancfort, que Bertrand avait envoyé chercher.

M. de Blancfort s'était hâté de venir joindre son voisin, dont il avait toujours entendu parler avec éloge. Dès qu'Adolphe l'aperçut, il se leva, alla au-devant de lui, et lui dit, avec plus de gaîté que sa situation habituelle ne lui aurait pu permettre: « Quelle idée, monsieur, aurez-vous d'un homme qui, sans avoir l'honneur d'être connu de vous, demande sans façon à déjeûner à votre concierge? Ne me trouvez-vous pas bien incivil? — Non, sûrement, et vous ne pouviez me faire plus de plaisir, car je désirais vivement qu'une circonstance fortuite me procurât l'honneur de vous connaître; mais n'ayant, à mon arrivée ici, fait aucune visite, ni madame de Blancfort, je ne savais plus comment faire pour me procurer un avantage que je désirais réellement beaucoup, par une raison qui m'est personnelle, et que peut-être un jour je vous dirai. En attendant, je vois que l'on vous a donné un pauvre déjeûner, un pâté à demi entamé. — Il paraît excellent. — Permettez que j'y fasse joindre quelques mets un peu plus recherchés, que la chasse nous procure, et auxquels votre pêcheur ajoute toujours un plat de son métier. Si cela vous agrée, nous suspendrons un moment votre repas pour le terminer en famille. Ce sera en doubler le prix. — En attendant, venez voir mes élèves. » Et il le prit par le bras, comme s'ils s'étaient toujours connus; ils le conduisit dans une immense galerie, toute remplie de claies, sur lesquelles étaient étendues des feuilles de mûrier et une multitude innombrable de vers à soie. « Voilà, dit M. de Blancfort, le présent que j'ai fait à ma nouvelle patrie; après déjeûner, si vous voulez me donner une partie de la journée, nous irons voir les plantations de mûriers, le hameau que je fais bâtir, et que je destine à loger les ouvriers qui préparent la soie; plus tard, si mes soins prospèrent, j'établirai une manufacture de ces étoffes que l'on nomme taffetas des Indes, et peut-être qu'un jour Blancfort deviendra une ville qui ne sera pas à dédaigner. Ah! quel bonheur! monsieur, d'enrichir le pays qui a bien voulu nous adopter, et auquel, il est vrai, je tenais par des liens bien chers, car ma mère était française. Mais venez, je suis sûr que ma femme nous attend. » Le baron reprit : « Comment oser me présenter sous le costume d'un chasseur, pour la première fois que j'ai l'honneur de lui faire ma cour ? — Elle vous recevra tel que vous êtes avec grand plaisir ; je m'en charge ; et puis elle a comme moi une raison pour être enchantée de vous voir ; nous ne serons pas les seuls à qui votre présence sera très-agréable. Il y a une autre personne.... mais je me tais.... il n'est pas encore tems de parler. » En disant cela, ils arrivèrent à la porte de la salle à manger, où le plus délicieux tableau attendait Adolphe.

―――

CHAPITRE XLII.

L'imagination se repose avec plaisir sur le tableau d'une famille vertueuse, unie par une estime mutuelle et par une bienveillance réciproque, née de leurs qualités aimables, et d'un extérieur qui plaît au premier coup-d'œil. Telle était la famille de Blancfort.

La pièce où le maître de la maison introduisit M. de Bonneville, était boisée; les lambris et le plancher en marbre d'Italie; un grand buffet en bois de Cèdre, portait des tablettes, dont rien ne dérobait la vue, une superbe argenterie, comme il était d'usage dans ce tems; les croisées de cette pièce donnaient d'un côté sur la cour, d'un autre sur un très-beau jardin, dont les fleurs embaumaient l'air; au milieu, était une table, couverte des mets les plus recherchés; une femme encore belle, y était seule assise. Le reste de la famille attendait debout l'arrivée du père de famille, quand madame de Blancfort (car c'était elle) se leva, vit le baron, qui la saluait respectueusement; elle l'invita à prendre place à côté d'elle, avec une cordialité qui le charma. Son mari s'assit près d'Adolphe, Amédée à côté de sa mère. Trois sœurs de la figure la plus agréable, et deux frères beaucoup plus jeunes qu'Amédée, remplirent les autres places, à l'exception de deux, celle de l'aumônier; et une autre destinée à un homme de quarante à cinquante ans, qui entrèrent quelques instans après. Le baron fut étonné de ne voir ni précepteur, ni institutrice, ainsi qu'il est d'usage chez les gens riches; on en saura plus tard la raison. L'aumônier ne se mêlait en rien de l'éducation de Charles et d'Edmon, excepté pour l'instruction religieuse; il n'avait point d'autre emploi auprès de M. de Blancfort que de remplir les fonctions de son ministère. Quant à l'homme de cinquante ans, le baron présuma que c'était lui qui surveillait les travaux; il ne se trompait pas; car M. de Blancfort lui adressa quelques mots qui étaient relatifs à ce que M. de Bonneville avait imaginé. M. de Vermon (c'est ainsi qu'il se nommait), y répondit en fort bons termes, et après avoir satisfait son appétit, il demanda à madame de Blancfort la permission de se retirer. Dès qu'il fut sorti, vous voyez, dit le maître de la maison, en s'adressant à Adolphe, dans M. de Vermon, l'homme le plus modeste et en même tems le plus rempli de mérite. Dans le tems où je suis venu m'établir dans ce village, il venait d'éprouver un de ces affreux désastres, contre lesquels la prudence ne peut rien : la maison qu'il habitait avec sa famille, a été la proie d'un incendie qui en dévora deux autres. On assure que le feu avait été mis par des mandians, que les voisins de M. de Vermon avaient maltraités. Celui-ci faisait un grand commerce de laine, et il venait de rentrer dans ses magasins ce qu'il avait acheté dans la saison, qui se montait à une somme considérable ; tout fut la proie des flammes, ainsi que sa maison, ses meubles, son linge, ses habits, et ceux de sa femme qu'il avait épousée, il y avait à peine un an ; elle était alors enceinte de six mois. L'effroi, la douleur, de se voir réduits à la misère, lui causèrent une si grande révolution, qu'elle mourut ici, deux jours après que nous l'y avions recueillie. M. de Vermon fut au désespoir, et ne voulait pas lui survivre. L'abbé et moi nous lui parlâmes de la soumission aux décrets de la Providence, ce premier avec tant d'onction qu'il parvint à calmer ses douloureux transports. Ayant su qu'il n'avait aucunes rssources, je lui proposai de m'aider à former cet établissement; il l'accepta, et depuis il m'a rendu les plus grands services ; mais quelque chose que j'aie fait, je n'ai pu éloigner de sa pensée le funeste événement qui l'a privé d'une femme qu'il adorait, et de tous moyens de fortune. Il est toujours aussi silencieux que vous venez de le voir. Quelques instances que j'aie pu lui faire, il ne veut pas se prêter aux distractions de la société ; mais son zèle, son intelligence, sont au-dessus de tout éloge ; il est toujours le premier levé et le dernier couché de la maison ; il ne reste à table que le tems nécessaire pour prendre ce qui est indispensable à son existence, et les jours consacrés au repos, il en passe une grande partie à l'église, et le reste dans le jardin, quand le tems le permet, avec un bon livre, ou à rendre quelques services à ceux qui s'adressent à lui, soit pour une chose, soit pour une autre ; enfin, je regarde que sa présence chez moi y attire les bénédictions du Ciel ; son désintéressement est extrême ; il faut que j'use de ruse pour lui faire accepter ce qui lui est légitimement dû ; mais j'avoue que je suis affligé quand je pense que je ne puis faire son bonheur, et c'est ainsi que Dieu seul nous fait jouir d'une félicité pure, en disposant notre ame à la gratitude envers lui? J'honore sa constance à la mémoire de sa femme, mais je n'en suis pas moins persuadé, qu'il eut mieux fait de chercher une jeune personne, riche dans son état; avec l'argent que je lui aurais prêté, il eût recommencé son commerce, et au lieu de cela il vit et mourra isolé, et je ne conçois pas de plus grand malheur!—Excepté, dit le baron, celui d'une union mal assortie. — Je ne sais, reprit M. de Blancfort ; avec de la patience et de la fermeté, rarement un homme est malheureux dans son intérieur ; d'ailleurs les enfans vous consolent. — Ou agravent vos peines ! — Ce n'est pas de vous, monsieur, dont vous parlez ; car j'ai l'honneur de connaître mademoiselle votre fille, la charmante Elyse ; il est impossible de réunir plus de grâce et de beauté, et ce sont, m'a-t-on dit, les moindres de ses avantages. — Il est vrai que je n'ai que des grâces à rendre à Dieu de me l'avoir donnée ; mais sa sœur est infirme, et c'est pour moi un grand chagrin. — Votre tendresse la dédommagera. — J'y ferai mon possible. »

En sortant de table, madame de Blancfort et ses filles, qui avaient joint à la conversation des mots heureux, rentrèrent dans leur appartement; messieurs de Blancfort accompagnèrent Adolphe au hameau, dont les travaux lui inspirèrent un grand intérêt. Il y retrouva M. de Vermon, qui surveillait les ouvriers, et faisait exécuter les plans arrêtés entre lui et M. de Blancfort. Là, il avait l'air moins triste, et il était aisé de voir que lorsqu'il était occupé, il sentait moins le vide de la vie. Sans toutes fois renoncer à ses douloureuses pensées, sans prendre d'autre intérêt à ce qui l'entourait que celui de remplir les devoirs de sa place avec la dernière exactitude, il paraissait éviter avec soin ce qui aurait pu encore l'engager avec la société. Il n'avait fait aucune attention au baron; son apparition chez son hôte, n'avait point piqué sa curiosité; Amédée, au contraire, était avide de tout ce qui pouvait répondre à la vivacité de ses sensations. La rencontre de M. de Bonneville chez son père, était pour lui un événement important; il s'était, dès cet instant, exclusivement occupé de lui, et n'avait manqué aucune occasion pendant que l'on était à table de s'empresser à le servir. Il semblait deviner ses moindres désirs. En chemin pour se rendre au hameau, Amédée était toujours près d'Adolphe, et lui faisait des questions, il est vrai, avec un air timide, mais qui toutes tendaient au même but. « Y a-t-il long-tems, monsieur, que vous n'avez été à Vierzon? Irez-vous bientôt? C'est une ville charmante; heureux qui pourrait y passer ses jours! » M. de Bonneville, frappé de ce que

M. de Blancfort avait dit en parlant d'Elyse, voyait bien où tout cela tendait, mais il semblait ne pas paraître entendre.

Arrivés au hameau, M. de Vermon emmena un instant Herbert (c'était le premier nom de M. de Blancfort), et Amédée se trouva seul avec M. de Bonneville. « Oh! lui dit ce bon jeune homme, il faut, monsieur, que je vous montre quelque chose qui vous fera plaisir. » Il le conduisit à quelques pas des bâtimens neufs, vers une cabane plus anciennement bâtie : il frappa à la porte, une très-jeune femme vint l'ouvrir; elle portait dans ses bras un enfant beau comme le jour. L'intérieur de la maison était propre et bien rangé, et un homme, n'ayant que peu d'années de plus que sa femme, fabriquait au métier un taffetas d'une fort jolie couleur. Le baron examinait d'un œil scrutateur, quelle était la raison qui avait engagé Amédée, à l'amener dans cette maison, où il était reçu avec l'accueil dû au fils d'un bienfaiteur. Etait-ce pour faire voir au voisin de son père, comme il le lui dit, le premier métier d'étoffe de soie monté en France? était-ce pour qu'il entendît louer la bienveillance des parens d'Amédée? était-ce un sentiment moins honorable, et qui eût donné à Adolphe moins bonne opinion des mœurs de ce jeune homme? se servait-il de M. de Bonneville pour avoir le prétexte d'entrer chez cette jeune femme, et l'accoutumer ainsi à le recevoir? mais le mari était là, et n'en sortait jamais; d'ailleurs, avec quelle retenue il l'ayait abordée! Il n'aurait pas témoigné plus de respect à la femme d'un de ses nobles voisins ; que voulait-il ? Faire voir au père d'Elyse, un spectacle, dont ses yeux se repaissaient avec délices ; un bon ménage dans le printems de la vie. « Voyez, lui dit-il, monsieur le baron, comme Marie aime Jacques, et combien de tems ils ont à s'aimer ! car, lorsqu'ils se sont mariés, l'une n'avait que quatorze ans, et l'autre dix-neuf. C'était précisément l'âge de la fille de M. de Bonneville et celui d'Amédée. Concevez, lui disait-il avec une impétuosité remarquable, le bonheur d'être époux et père d'une jolie créature ! — Eh bien ! monsieur, voilà le bien dont je voudrais jouir ! et ne me dites pas comme mon père : tu es fou, Amédée ! comment pense t-on à se marier à ton âge, et surtout avec une femme de quatorze ans ! — Je vous répondrais, monsieur, comme à lui : voyez Jacques et Marie, comme ils sont heureux ; comme leur enfant est fort et bien portant ; mais ce n'est pas parce que je me fais un tableau aussi enchanteur, que je suis fou, c'est parce que je crois, que j'ai tort de laisser mon imagination me représenter cette douce chimère, que je ne pourrai réaliser avec l'être charmant et adorable que vous connaissez. — Moi ! »

A ce moment, M. de Blancfort vint les rejoindre. — Ah ! je savais bien que je vous trouverais ici ! Mon fils amène tous mes amis chez Jacques, pour leur donner l'idée du vrai bonheur sur la terre ! Ah ! c'est une tête bien exaltée, que celle de mon Amédée ! mais son cœur est si bon, si pur, qu'il faut bien lui passer ses rêves. Adolphe s'approcha du métier de Jacques, déroula l'étoffe que le baron trouvait très-jolie : « Je veux, dit-il, que ma fille ait une robe de ce taffetas. » Amédée se hâta de l'auner avec Marie, de la ployer, de l'envelopper avec soin. Adolphe la paya, et sortit de la cabanne, ne doutant pas qu'Amédée ne fût éperduement amoureux d'Elyse ? il l'avait donc vue ? et avec qui ?

CHAPITRE XLIII.

Monsieur de Bonneville croyait déjà pouvoir juger assez Amédée, pour se persuader qu'en laissant mûrir cette tête, dont le tems calmera l'exaltation, il serait un bon mari. Mais, restait à savoir s'il plaisait à sa fille ; et il lui paraissait plus difficile de s'en assurer, qu'il ne lui avait été facile de connaître le secret du jeune Blancfort. Les hommes appellent souvent dissimulation dans les femmes, ce qui n'est que l'effet de la pudeur, sentiment si délicat dans une jeune personne bien née, que j'en ai connu plusieurs, que le nom seul de cette vertu faisait rougir, comme s'il leur donnait une idée vague et pénible dont elles ignoraient la cause.

Cependant, il se résolut de savoir quand et comment ces jeunes gens s'étaient rencontrés; il était si pressé de s'en instruire, qu'il n'accepta pas de rester à dîner, quelque instance que lui fit M. de Blancfort, et surtout Amédée. Il assura qu'il avait affaire chez lui, et qu'il viendrait plus tard offrir ses respects à madame de Blancfort. Après avoir passé plus d'une heure au hameau, il alla rejoindre le bateau qui l'attendait au rivage, et le fils du pêcheur le ramena dans l'île, d'où il envoya l'ordre de lui amener son cheval, et il fit dire à la baronne, qu'il ne serait de retour que le lendemain.

Jamais, depuis son mariage avec Philiberte, il n'avait eu l'air si heureux, et Pierre en conclut qu'il avait vu M. Amédée, et qu'il pensait comme lui, que ce serait un bon mari pour Elyse; mais comme son maître ne lui disait rien, il n'osa pas l'interroger. Le fils de Pierre revint, et dit au baron que son cheval l'attendait au bord de la rivière. Il s'y rendit, et prenant aussitôt le chemin de Vierzon, il y arriva pour l'heure du dîner. Il n'était point attendu, mais sa présence portait toujours la joie dans le cœur de sa fille et de ses parentes. Quel bonheur! dit Elyse, de vous voir aujourd'hui, papa! j'étais loin de m'en flatter; on avait dit que, depuis deux jours, vous n'étiez point à Bonneville. — Et qui l'a dit ? — Un des gens de ma belle-mère, qui est venu savoir si vous étiez ici ; cela m'avait inquiétée. — J'ai été à la Pêcherie, comme tu sais, et je ne suis pas retourné à Bonneville, comme cela était mon projet ; je voulais me promener dans les environs ; j'ai passé le bras gauche du Cher, et je me suis trouvé dans cette belle prairie... — Oh ! oui, bien belle ! — J'ai suivi le sentier.... — Et vous avez vu, papa, ce joli château ?.. — J'ai plus fait que de le voir , j'y suis entré, j'y ai déjeûné. — Quoi ! papa, vous avez été déjeûner au château de Blancfort ? — Eh ! oui, qu'est-ce que cela a de singulier ? — Rien ; mais il me semblait que M. de Blancfort ne voyait personne. — Dis qu'il ne va chercher qui que ce soit ; mais ce qu'il y a de certain, c'est qu'il m'a très-bien reçu ; que c'est un homme fort intéressant, et sa femme et ses filles sont très-aimables. — Il en a donc plusieurs ? — Quatre, toutes grandes, bien faites, et parfaitement élevées. — Et toute la famille était réunie ? — Toute. — Je croyais... elle s'arrêta. — Que croyais-tu ? — Que M. de Blancfort avait un fils ; et en disant ces mots, elle rougit. — Oui, il en a un, qui n'est pas mal. — On m'avait dit... — Quoi ? — Que c'était un jeune homme d'une figure remarquable. — Cela est possible, mais je ne l'ai pas remarqué. Tu l'as peut-être vu ? — Jeannette, un jour que j'étais près de la fenêtre de ma chambre, m'a dit : mademoiselle, voilà M. Amédée, le fils de M. Blancfort, le plus bel homme du canton. Je m'avançai pour le voir ; mais, comme je vis qu'il s'arrêtait pour me regarder, je me retirai aussitôt, et je dis à Jeannette d'en faire autant. — Ainsi, tu l'as si peu vu, que tu ne le reconnaîtrais pas ! — Oh ! pardonnez-moi, papa, comme il est plus grand, mieux fait que les autres hommes que j'ai vus, que ses traits sont régulièrement beaux, qu'il a l'air sensible et bon, je le distinguerais aisément. — Et tu as vu tout cela en si peu de tems ? — Ce n'est pas la seule fois que je l'ai vu ; il est souvent à l'église, quand j'y vais avec ma tante. — On les disait protestans. — Je ne crois pas ; il a l'air pieux, et je le vois s'unir aux prières des fidèles. — Et tu ne lui as jamais parlé ? — Non, papa ; mais seulement, je sais qu'il a donné de l'argent à une pauvre mère de famille, chez qui ma tante m'envoyait, avec Jeannette, porter des secours; mais quand ma grand'mère a su que la mère Philippe avait de l'argent, du blé et des habillemens, de la famille de Blancfort, ni elle, ni ma tante ne lui ont plus rien envoyé, disant qu'elle donnenerait à d'autres qui n'auraient pas de si grands secours, et depuis, je ne vais plus avec Jeannette, porter les aumônes de ma tante ; Jeannette y va seule, parce que ces dames disent que je suis trop grande à présent ; que je ne sortirai plus qu'avec elles, ou avec vous, papa. — La prudence de tes respectables parentes fait ma tranquillité, et je suis bien sûre que mon Elyse sera toujours soumise à leurs volontés.—Toujours vous plaire et à mes parentes, qui ont tant de bontés pour moi, est mon premier désir. » Elle se jeta dans les bras de son père, et il sentit battre son cœur. Etait-ce de tendresse pour lui, ou de crainte de ne plus revoir le bel Amédée ?

Peu après l'arrivée de M. de Bonneville, on se mit à table; Elyse fut rêveuse. Adolphe ne reparla pas de la famille Blancfort, mais après le dîner, il s'enferma avec sa belle-mère, et Elyse resta avec sa tante : elle paraissait inquiète, et demanda à celle-ci si elle savait ce que son père avait à dire à madame de Lignac. — Je n'en sais rien, et en général, je suis peu curieuse. Enfin le gendre et la belle-mère sortirent de l'appartement de madame de Lignac; ils paraissaient émus; et il était certain que le sujet de leur conversation les avait attendris; car ils avaient les yeux humides. Elyse les serrant l'un et l'autre dans ses bras, leur dit avec la plus touchante expression : « O mes plus tendres amis ! avez-vous quelque nouveau chagrin, et ne me croyez-vous pas digne de les partager ? — Non, mon Elyse, reprit la grand'mère, on peut être ému, attendri jusqu'aux larmes, sans être pour cela malheureux ; et même je te dirai que le sujet dont nous nous sommes entretenus, loin de nous affliger, nous procurera peut-être un grand plaisir ; mais comme c'est une chose fort incertaine, nous ne voulons pas encore t'en parler. Quand il sera tems, tu le sauras. — Je ne dois pas éprouver d'autre sentiment, dit Elyse, que celui de la reconnaissance. Tout ce que vous voudrez bien faire pour moi, fera toujours mon bonheur.

M. de Bonneville coucha à Vierzon, et s'étant levé avec le jour, il retourna à la Pêcherie. En y arrivant, il trouva Amédée, qui était venu l'attendre. Dès qu'il le vit, il lui prit la main, la serra dans les siennes, et lui dit : « Voudrez-vous bien m'accorder un moment d'entretien? J'ai des choses bien importantes à vous communiquer; vous m'avez inspiré une confiance, un respect... — Je ne sais d'où j'ai pu mériter ces sentimens, vous me connaissez à peine. — Ah! la vertu, la bienveillance brillent sur votre front. — Je suis sensible à la bonne opinion que vous avez de moi, et je suis prêt à entendre les choses importantes que vous avez à me dire, et dont, je ne vous le cache pas, je me doute. Venez dans ma chambre, nous causeserons tranquillement : je vais ordonner que qui que ce soit qui me demande, on dise que je n'y suis pas. »

Le baron ferma en dedans la porte du pavillon, s'assit sur le lit de repos qui était au fond de la pièce, et fit signe à Amédée de prendre place à côté de lui. « Non, dit le jeune Blancfort, c'est à vos genoux que je voudrais vous parler; je suis si troublé, je vous redoute tant, que je ne sais par où commencer ce que j'ai à vous dire; vous me haïrez peut-être, quand vous connaîtrez ma témérité. Oui, monsieur, je ne puis vous le dissimuler plus long-tems, j'adore mademoiselle votre fille, que j'ai eu occasion de voir bien des fois à Vierzon ; elle ignore mes sentimens, mais si vous n'êtes pas opposé à mes vœux, je vous demande de lui dire combien je désire lui être uni ; si elle me refuse, je retourne dans le Piémont, je me mets à la tête d'un parti d'insurgés, et me précipitant au-devant des périls, j'y trouverai la mort. — Voilà un projet très-raisonnable ! je vous en fais mon compliment, et il n'est aucun père tant soit peu sensé, qui, d'après un discours aussi sage, ne vous donne aussitôt sa fille en mariage. — Ah ! monsieur, n'ajoutez pas à vos refus la plus terrible des armes, celle de l'ironie ! N'accablez pas un infortuné, que ce refus fera mourir. — Mais, où avez-vous pris que je vous refusais ? — Quoi ! monsieur, vous ne me refusez pas ! Quoi ! je pourrais espérer... Oh ! par pitié, ne me trompez pas ! Est-il vrai que vous me laissez quelqu'espoir ? Ah ! je suis ivre de joie ! Quoi ! je pourrais vous appeler mon père ! Ah ! chère Elyse !

— Ecoutez donc, mon cher Amédée, vous allez si vîte, que je ne puis vous joindre. Je ne vous refuse point ma fille, parce que, ce que j'ai vu de vous, et surtout de votre famille, me paraît digne d'estime ; mais je ne vous dis pas non plus que je vous l'accorde, parce qu'il n'est pas suffisant d'avoir la tête tournée par la passion qu'une femme inspire, pour la rendre heureuse. Espérez, puisque cela vous fait tant de plaisir ; j'en parlerai à votre père ; quand je saurai quelles sont ses intentions, et qu'il aura bien voulu faire cesser pour moi le mystère qui couvre son existence, s'il n'a rien, comme je n'en doute point, de contraire à l'honneur, et que ses vues se rapportent aux miennes, dans deux ans, nous nous occuperons de former des liens qui, je crois, pourraient faire le bonheur de mon Elyse. — Deux ans! ah! monsieur, ce sont deux siècles! Je ne pourrai supporter... — Vous apprendrez à vous rendre maître de vous-même, et alors vous serez digne d'épouser mon Elyse ; à présent, vous ne feriez que son malheur et le vôtre. L'hymen est grave ; ses jouissances sont douces et calmes comme un beau jour. L'impétuosité de la passion donne quelques momens heureux, mais prépare des orages, qui détruisent en un instant la félicité dont on s'était flatté de jouir toute sa vie. Je veux que le mari de ma fille l'aime, et surtout l'estime. A votre âge et au sien, c'est impossible. Je vous le répète, Amédée, je crois bien que vous serez mon gendre, mais laissez-moi convenir avec votre père, des conditions qui rendront votre union avec ma fille, calme et heureuse. »

Amédée eut beau presser, prier, il ne put rien obtenir de plus; malgré cela, il éprouva un très-grand plaisir, quand M. de Bonneville lui dit qu'il comptait aller dîner chez son père, mais à condition qu'Amédée resterait à la Pêcherie, jusqu'au moment où il partirait pour Blancfort, et qu'il ne le quitterait pas d'un instant, voulant parler le premier à M. de Blancfort. Il fallut qu'il consentît à tout ce que voulait le baron : n'était-ce pas de lui seul qu'il attendait son bonheur!

CHAPITRE XLIV.

Dès que M. de Bonneville eut donné les ordres à la pêcherie, pour que l'on portât à Blancfort le plus beau poisson, il proposa au jeune homme de se rendre au château de son père en chassant. Amédée ne demanda pas mieux ; d'ailleurs, pouvait-il avoir une volonté opposée à celle du père d'Elyse.

Ils avaient l'un et l'autre de très-bons chiens, la terre était giboyeuse, le tems superbe ; ils tiraient très-bien et ils firent une très-bonne chasse.

M. de Blancfort, qui était dans la plaine, et entendait tirer, crut que c'étaient des braconniers. « Il est donc impossible, disait-il, de réprimer la passion de la chasse ! Ces malheureux aiment mieux s'exposer à toute la rigueur des lois que de se passer du plaisir de tuer mes lièvres et mes perdrix ! mais je veux les prendre moi-même en flagrant délit, et savoir quel motif les porte à me faire de la peine, moi qui ne trouve de plaisir qu'à les rendre heureux. » Il s'avança vers le lieu où il apercevait les chasseurs ; quel fut son étonnement de voir Adolphe et Amédée ! « Convenez, monsieur, lui dit le baron, que nous sommes bien impertinens de chasser ainsi sous les croisées du château ! mais votre fils l'a voulu. — J'ai cédé, monsieur, au désir que vous m'avez marqué de venir ici en chassant, bien sûr que mon père le trouverait bon. — Amédée a raison ; rien ne pouvait me faire plus de plaisir ; nous mangerons vos perdreaux, car je m'imagine que vous me faites l'honneur de dîner avec nous. — Si madame de Blancfort le permet. — Vous n'en doutez pas. — Mais avant le dîner, j'ai à vous entretenir un instant. — Eh bien ! Amédée, porte le gibier à Bertrand ; dis-lui que nous dînerons sous la feuillée, qu'il en prévienne ces dames. » Puis, il conduisit le baron dans une petite grotte revêtue en coquillages, qu'il avait rapportés des bords de la Méditerranée, et des coraux des mers qui baignent le royaume de Naples. Ils s'assirent au fond, sur un banc pratiqué dans la roche; des coussins fort doux, imitant en point de tapisserie, la molle verdure, présentaient des siéges fort commodes. M. de Blancfort dit à Adolphe : « Puis-je être assez heureux pour faire quelque chose qui vous soit agréable? Parlez, je suis tout à vos ordres, car vous ne pouvez rien demander d'injuste. — Je vous remercie de cette opinion, je tâcherai de la mériter; mais c'est de nos mutuels intérêts que je désire vous entretenir, reprit le baron; et il ajouta : il est peu convenable que ce soit moi, monsieur, qui vous parle le premier de l'objet dont je viens vous entretenir, mais est-ce ma faute si votre fils est un étourdi, et qu'il soit venu, sans suivre aucune forme reçue, me demander ma fille en mariage, au lieu de s'en rapporter à vous pour cette démarche, qui au surplus honore ma fille, et qui, autant que l'on peut lire dans le cœur d'une jeune personne, ne paraît pas lui déplaire. » M. de Bonneville s'arrêta pour attendre la réponse; mais il eut pu parler long-tems, sans que M. de Blancfort eut le désir de l'interrompre, tant ce qu'il avait à lui dire lui semblait pénible. Enfin, M. de Bonneville commence à concevoir quelque soupçon, et se rappelant tout ce que l'on disait de la famille de Blancfort, il craignit un instant de s'être trop avancé. Pour sortir de l'anxiété pénible qu'il éprouvait, il dit à M. de Blancfort, avec une assez forte émotion : « Monsieur, vous ne me répondez pas! Qui peut vous faire garder le silence?— Hélas! monsieur, je n'ai que trop de raisons pour tarder à vous répondre. Comment est il possible que mon fils, sans mon aveu, ait osé vous demander mademoiselle votre fille en mariage ! — Je vous répète, monsieur, qu'il n'est point de marque d'estime plus grande à donner à une jeune personne que de demander sa main. Ainsi, quand même vous seriez le premier de votre race, le magnifique établissement que vous formez vous tiendrait lieu d'aïeux. *Qui sert bien son pays peut s'en passer ;* et on le sert bien plus par des établissemens utiles, que par des exploits militaires ; en conséquence, veuillez croire que je ne prise la naissance que comme une raison d'être meilleur. — Ah ! monsieur, vous n'auriez pas à rougir d'une alliance avec ma maison, une des plus illustres de la Toscane....

— J'avais pensé, monsieur, à votre accent, que vous étiez de la terre classique ; mais dites-moi, pardonnez à un père des questions sur un sujet aussi délicat, comment ayant un beau nom, de la fortune.... — Ajoutez à cela, dit M. de Blancfort en interrompant le baron, une grande faveur à la Cour, et pour ami le favori du prince, ami que je pleure chaque jour, qui a juré de ne pas me revoir, et qui ne m'écrit jamais. Voilà, monsieur, tout ce qu'il m'a fallu quitter pour conserver ma vie, que les souvenirs de mon imprudence et les fautes de ma mère troublent sans cesse ! Le voilà, ce secret qui pesait sur mon cœur, et que l'honneur m'oblige à vous révéler ! Je suis un malheureux proscrit qui n'ose pas même porter son nom ! Comment associer mademoiselle de Bonneville à nos malheurs ! »

Adolphe, rassuré par ce que lui disait M. de Blancfort, et jugeant bien que le crime de son voisin n'entraînait point avec lui le déshonneur, et ne pouvait être compris que parmi ceux qui tiennent à l'opinion, en un mot, un complot entièrement politique, que l'on loue si le succès le couronne, et qui conduit à l'échafaud lorsqu'il manque, forma aussitôt le projet d'obtenir la grâce de M. Blancfort. Mais avant de rien entreprendre, il voulait avoir les détails les plus circonstanciés de cette malheureuse affaire. Il risqua donc encore quelques questions ; alors M. de Blancfort lui dit : « Il me serait très-pénible de me reporter vers ces tems où une fatale imprudence a fait le malheur de toute ma famille, m'a arraché ma fortune, mon rang, les honneurs qui embellissaient mon existence, et comme je vous disais, monsieur, m'a séparé pour jamais de mon seul ami, m'a fait perdre les bontés du meilleur des Princes ; je ne me sens pas la force de vous faire connaître ces tristes circonstances ; mais je chargerai ma femme de vous instruire de tout ce que vous désirez savoir, en sortant de table, elle s'enfermera avec vous et son fils. Vous pouvez compter sur la parfaite exactitude de son récit ; car sa mémoire est aussi fidèle que son jugement est sain. — Je ne doute point, monsieur, d'après ce vous me dites, que je ne puisse vous servir avantageusement à la cour du grand-duc, mais surtout il faut que nos projets restent ensevelis. C'est avec une profonde douleur que je suis forcé de convenir qu'Elyse n'a pas de plus mortelle ennemie que sa belle-mère ; cette intéressante enfant est fille de ma première femme, dont Philiberte n'eût jamais dû prendre la place. Hélas! le ciel m'a cruellement puni de mon infidélité ; et les maux que je souffre par l'opposition de nos caractères et de nos goûts, me rendent le plus infortuné des hommes! Heureusement qu'Elyse n'est pas sa fille ; je n'ai nul besoin de son consentement pour la marier. — Vous pouvez compter sur notre parfaite discrétion; seulement, je vous demande la permission de vous quitter, pour faire part à ma femme de ce que nous venons de dire. Je sais déjà qu'ayant été avec son fils à Vierzon, il a trouvé le moyen de lui faire connaître l'objet de son amour, qu'elle en est enchantée, et désire, presqu'aussi vivement que son fils, de voir couronner par l'hymen, ses tendres vœux. —J'oubliais, monsieur, reprit Adolphe, que j'ai prévenu monsieur votre fils que si nous consentions à son mariage avec Elyse, il n'aurait lieu que dans deux ans. — Dans deux ans! et que ferai-je de mon fils pendant ce tems? — Il apprendra à vaincre ses passions, et il en deviendra meilleur; d'ailleurs, c'est aussi la volonté de madame de Lignac; ma fille est si jeune et d'une santé si délicate! — Vous devez bien penser, monsieur, que vos volontés et celles de madame votre belle-mère seront toujours des lois pour moi; mais comme l'espérance est dans la position d'Amédée un commencement de bonheur, permettez-moi de lui dire que je lui pardonne son imprudence, et que j'ai lieu de penser qu'elle ne lui a pas nui autant que cela aurait pu arriver dans cette circonstance. — Allez, je vous prie, trouver madame de Blancfort, et la prévenir de ce dont nous sommes convenus; moi, je me charge d'apprendre, à celui que j'espère appeler un jour mon fils, que tout ira bien pour lui, s'il est discret, prudent, et surtout soumis aux volontés de ceux qui ne désirent que son bonheur. — Je vous rends grâces du soin que vous voulez bien prendre; je ne doute pas que tout ce que vous lui direz ne lui fasse bien plus d'effet que ce que je pourrais lui commander.

Dès que ces messieurs se furent séparés, Amédée accourut et demanda au baron s'il devait vivre ou mourir. — Il faut surtout se taire, si vous voulez que nos projets se réalisent, car sans cela, madame de Bonneville y mettra tant d'obstacles, qu'elle fera tout manquer. » Cette crainte fit tant d'impression sur Amédée, qu'il fut aussi prudent que s'il avait eu cinquante ans.

La famille se réunit dans un charmant bosquet, où le couvert était mis, mais le repas fut grave ; les pères et la mère étaient occupés de leurs projets; les jeunes gens voyant à leurs parens l'air pensif, n'osèrent pas se livrer à leur gaîté habituelle, et chacun désirait que l'on sortît de table, ce qui ne fut pas long. Alors M. de Blancfort ayant dit à Adolphe qu'il était obligé d'aller au hameau avec M. de Vermon, il l'engagea à passer, avec sa femme et son fils, dans la bibliothèque, où personne ne viendrait les troubler, et où sa chère Rosa l'instruirait de ce qu'il désirait savoir; ensuite il les quitta. Ces messieurs suivirent la maîtresse de la maison, qui les conduisit en effet dans la bibliothèque, et les fit placer à ses côtés. Amédée, voyant que sa mère allait prendre la parole, et qu'elle voulait, selon toute apparence, raconter à Adolphe tous les malheurs de leur maison, prit affectueusement la main de sa mère, en lui disant : « Je ne doute pas, madame, d'après le soin que vous avez pris d'écarter des témoins indiscrets, que mon père ne vous ait chargé d'apprendre à M. de Bonneville, comment, de la plus haute faveur à la cour de Florence, nous sommes devenus en France de simples fabriquans; mais avant, laissez-moi dire à celui qui est l'arbitre de mon sort, que je ne puis prêter aucune attention à tout ce qui se fera ou se dira autour de moi, que le terme de deux ans qu'il met à ma félicité, ne soit réduit à une seule année, et encore si vous ne voulez pas que je meurre, il faut que pendant cette année, je puisse quelquefois avoir le bonheur de voir mademoiselle de Bonneville, lui parler, lire dans ses yeux, si elle daigne souffrir sans chagrin mes hommages! — Que dites-vous ? monsieur le baron, des lois que mon fils vous impose. — Qu'il est encore bien jeune.» Madame de Blancfort reprit: « Tu sais, mon fils, à quel point je désire ton bonheur ; combien je suis flattée de t'avoir vu faire un choix aussi honorable que l'est pour toi Elyse ; mais à présent, laisse-nous le soin de ton bonheur, et surtout, écoute avec attention les malheurs dans lesquels l'imprudence a entraîné des hommes d'un grand mérite. — Oui ! j'écouterai..... Mais, pour que je sois susceptible de quelqu'attention, il faut d'abord m'accorder ce que je demande. — Nous verrons ; écoute ! écoute ! — Je ne doute point, dit Adolphe, que si madame de Blancfort veut avoir la bonté de faire une visite à ma belle-mère et à sa digne sœur, ces dames ne s'empressent de lui rendre sa visite. — Sûrement j'aurai cet honneur, et il ne dépendra pas de moi que cette affaire ne réussisse. Je le répète, je le désire beaucoup ; mais écoutez. » Et madame de Blancfort commença en ces termes :

CHAPITRE XLV.

« Mon mari était fils unique du marquis de Bellamonte, qui jouissait à la cour de Toscane d'une grande faveur. Il avait fait un mariage avantageux du côté de la naissance, et des grands biens. Ma belle-mère joignait à ces avantages, de la beauté et un esprit supérieur; mais elle eut toujours une ambition démesurée, et le goût de l'intrigue. Tant que mon beau-père vécut, madame de Bellamonte n'eut pas la possibilité de se livrer à son caractère, et le père d'Herberg fut jusqu'à son dernier moment, le sujet le plus fidèle et le plus empressé à témoigner à son Prince son zèle et son attachement ; mais il périt victime d'homme jaloux de son crédit et de sa faveur à la Cour. Il fut trouvé assassiné dans son lit, sans qu'on ait put jamais savoir qui avait commis ce crime. Ma belle-mère ne douta pas que ce ne fût un de ceux qui aspiraient à le remplacer auprès du Prince. En effet, M. de Cœlina, son rival, fut nommé ministre peu de tems après la mort de M. de Bellamonte. Angélina (c'était le nom de baptême de sa veuve), ne respirait que vengeance : elle fit jurer à son fils, âgé de quatorze ans, qu'il perdrait le marquis de Cœlina, dès qu'il serait en état de former un parti contre lui. Herberg le lui promit : ce fut donc dans ces sentimens de haine et de vengeance, qu'une mère ambitieuse, bien plus que tendre, éleva son fils, et fit tous ses efforts pour dénaturer le beau et le touchant caractère que ce fils avait reçu du Ciel et de son père.

Cependant le jeune Herberg se signala à la guerre, et mérita, par des actions d'éclat, un rang distingué dans l'armée, quoique les ennemis de son père cherchassent à le perdre. Le fils du grand duc, qui est de l'âge d'Herberg, l'aimait beaucoup; et lorsqu'il prit les rênes du gouvernement, à la mort de son père, il combla M. de Bellamonte de grâces et de témoignages de bienveillance. Ce fut à cette époque brillante de la vie, que mon père, ami d'Angélina et ennemi commun de Cœlina, résolurent de m'unir à Herberg, se promettant l'un et l'autre d'écraser le ministre, en qui le grand duc mettait toute sa confiance, comme l'avait fait son père. Pour moi que l'on n'initiait pas à ses ressorts politiques, je ne vis dans ce mariage, que ce qui devait faire le bonheur de ma vie ; car j'aimais tendrement Herberg, avec qui j'avais été élevée. Ma joie fut grande quand mon père m'annonça que celui que j'aimais, sans connaître le nom d'amour, serait mon époux ; cet hymen se fit sous les auspices du prince, qui m'attacha à la grande duchesse, et tous deux me comblèrent de présens et de marques de bontés. Les deux premières années de notre union furent trop heureuses ; je devins mère, et je nourrissais mon cher Amédée, quand la plus terrible conjuration éclata ; ma belle-mère en était l'ame. Quoiqu'elle fût entièrement dirigée contre le ministre, on parvint aisément à faire croire au Grand Duc que c'était à sa vie que l'on en voulait : on vint arrêter ma belle-mère, qui, frappée de l'idée qu'un jugement la conduirait à l'échafaud, termina sa vie de la manière la plus tragique.

Ce fut à cet instant que M. Campo-Formio, cet ami, dont Herberg m'a dit vous avoir parlé, trouva le moyen de sauver mon époux, quoiqu'il parût convaincu qu'il était coupable : la mort volontaire de madame Bellamonte le lui persuada, ainsi qu'à tous ceux qui en furent instruits ; et ce fut pour cette raison, qu'il ne voulût conserver aucune liaison avec lui. Pour moi, ce terrible événement me remplit de terreur, sans que je pusse rien comprendre à tout ce que je voyais. La mort sanglante de ma belle-mère, notre fuite précipitée, me paraissaient un songe pénible; mais je fuyais avec un époux adoré, mon fils dans mes bras, je n'avais pas dix-huit ans; à cet âge, l'amour console des plus grands malheurs; ainsi je partis, ne regrettant que mon père, qui approuvait mon départ. Je l'ai perdu peu de mois après, au moment où il se disposait à nous joindre. Alors, je n'eus plus d'autre patrie que la France ; c'est donc avec grand plaisir que je vois mon fils s'y fixer, et je désire qu'on ne fasse aucune démarche, pour recouvrer un rang et des biens dont nous n'avons nul besoin pour être heureux. — Je suis bien de votre avis; mais pourquoi ne pas tenter une démarche qui rapprocherait

M. de Blancfort d'un ami qui lui était si cher. Rien ne me paraît plus facile: j'ai chez moi un homme très-sur et fort intelligent. On peut le charger d'une lettre pour M. le comte de Campo-Formio, qu'il ne remettra qu'à lui, et alors je suis bien sûr que le ministre, qui ne croit pas devoir faire une première démarche, (l'orgueil ministériel est bien fort), sera enchanté qu'on l'oblige à rompre le silence, qui lui coûte peut-être autant qu'à M. de Blancfort. — Ah! si je le croyais! j'en éprouverais une sensible joie! — Concevez-en l'espérance, madame, et je mettrai tous mes soins à la réaliser! J'ai chez moi, madame, comme j'avais l'honneur de vous le dire, un homme excellent pour cette négociation : il est fort adroit, et je réponds de sa fidélité; d'ailleurs, où pourrait-il trouver un sort pareil à celui qu'il a à Bonneville; il jouit de tout ce que peut offrir une grande fortune, sans en avoir l'embarras; il est aussi bien traité par moi que par Philiberte, et je lui rendrai la justice, qu'il se conduit très-bien dans nos débats, et ne mécontente ni l'un ni l'autre : ce qui n'est pas fort facile.

Je lui ai assuré deux mille livres de pension à ma mort, s'il reste avec moi jusqu'à ce terme. Il ne doit donc rien avoir plus à cœur que de mériter toujours mes bontés. — Mais ne craignez-vous pas qu'il n'ait le désir de servir madame de Bonneville, en entravant le mariage de mon fils ? — Il n'y a rien à craindre; Philiberte a entièrement perdu sa fortune; elle ne pourrait assurer à Symphorien un sort certain; d'ailleurs, il la connaît trop pour ne pas redouter son inconstance. — Vous savez sur cela, monsieur, mieux que moi ce qu'il convient de faire, et je m'en rapporte entièrement à vous. »

La conversation en était-là, quand M. de Blancfort revint du hameau ; sa femme et son fils lui dirent ce qu'Adolphe leur proposait ; il l'accepta avec reconnaissance. Tout étant convenu, les deux pères se donnèrent leurs paroles d'honneur d'unir leurs enfans dans deux ans, si Elyse y consentait. On fit même un projet d'articles, que l'on devait faire signer à Elyse et à mesdames de Lignac et de Blézaire : ce fut ce dernier qui s'en chargea. M. de Bonneville, Amédée et ses parens l'avaient signé. Dès le lendemain, le premier alla instruire sa fille et ses parentes de ce qui était convenu ; et Elyse ne cachant pas combien Amédée lui plaisait, témoigna à son père toute sa reconnaissance.

Avant que M. de Bonneville quittât le château de Blancfort, il embrassa tendrement Amédée, et l'assura que ce qu'il avait exigé était pour son bonheur; et il fallut bien qu'Amédée parût le croire. M. de Bonneville ajouta, qu'Elyse aurait un grand plaisir à se trouver avec mesdemoiselles de Blancfort, qui seraient pour elles une société très-intéressante.

« Sûrement, dit Rosa, j'irai à Vierzon dès demain avec mon fils. Cette première démarche faite, je mènerai à ces dames mes autres enfans, que cependant nous ne mettrons pas du secret; car ce serait s'exposer à quelque indiscrétion involontaire. Ensuite, ajouta M. de Bonneville, j'exige que jamais, sous aucun prétexte, Amédée n'aille seul chez madame de Blézaire : il le promit ; et tout étant convenu, on rentra dans le salon.

Depuis ce moment, les deux familles n'en faisaient qu'une ; et rien n'était intéressant comme la manière ingénieuse dont Amédée témoignait à Elyse son amour, sans cependant manquer à ses promesses, et Elyse n'osait répondre à ce que son amant lui exprimait, et ne trouvait d'autre moyen de cacher son trouble qu'en faisant à la mère et aux sœurs d'Amédée les plus douces caresses. M. de Bonneville jouissait de ses momens de plaisir, et s'il n'eût pas eu d'autres liens, il eut été parfaitement heureux. Une méchante femme n'empoisonne-t-elle pas toute la vie de celui à qui elle est unie !

Fin du Tome troisième.

On trouve dans mon Magasin :

MÉMOIRES d'une Contemporaine, 8 vol. in-8.º
— de madame de Campestre, 2 vol. in-8.º
— du Duc de Rovigo, 8 vol. in-8.º
— d'un jeune Jésuite, 1 vol. in-8.º

HISTOIRE DE NAPOLÉON, par Norvins, 4 vol. in-8.º
LES SOIRÉES DE NEUILLY, 2 vol. in-8.º

Et généralement tous les MÉMOIRES, VOYAGES et autres ouvrages devenus nécessaires aux Cabinets de Lectures.
LA JOLIE FILLE DE PERTH et toute la Collection de Walter-Scott. — LE CORSAIRE ROUGE et toute celle de Cooper. — LE CHAMP DES QUARANTE PAS et tous les autres Romans des deux Miss Porter. — CONNAL ou les MILÉSIENS, et les autres de Maturin. — LE LOUP DE BADENOCH et les autres de Maccauley. — L'AGENT PROVOCATEUR et toute la Collection de Dinocourt. — LE MÉNÉTRIER, VÉRONIQUE de Zschokke. — Les Collections complètes de Victor Ducange, de Paul de Kock, enfin, toutes les Nouveautés à mesure de leur mise en vente.

Doyen de la Librairie Romancière que j'exploite depuis trente ans, je possède un assortiment considérable de Romans qui se trouveraient difficilement ailleurs.

C'est par la modération dans mes prix que j'ai formé ma clientelle ; c'est par là que je veux la soutenir.

www.ingramcontent.com/pod-product-compliance
Lightning Source LLC
Chambersburg PA
CBHW071859160426
43198CB00011B/1168